Una vida americana

Roy Phelan

Table Of Contents

Dedicatoria

Dicen que hace falta un pueblo entero, y en mi caso no podría ser más cierto. Sin mi amada esposa, mis hijos, mis nietos, mis hermanos, mis padres y mis abuelos, no habría historias; sin mis profesoras de español y mi editora, no habría libro; sin su infinita paciencia e inspiración, no sería escritor. Muchas gracias a todos.

Preámbulo

Una vez vi una película, en la cual me llamó mucho la atención un diálogo donde un hombre le preguntó a otro:

—¿Quién eres tú?

El otro hombre respondió:

—Soy Carlos Rodríguez.

Pero el primer hombre le dijo:

—No, no te pregunté tu nombre, te pregunté quién eres.

A lo que Carlos agregó:

—Soy un mesero, trabajo en un restaurante.

El primer hombre siguió con más intensidad.

—No te pregunté qué haces, te pregunté quién eres.

Carlos tuvo que pensar un momento y luego dijo:

—Soy el hijo de Pablo y María Rodríguez, nací y crecí en Los Ángeles, California.

Pero el primer hombre lanzó, casi enfurecido:

—No quiero saber quiénes son tus padres o dónde creciste, quiero saber quién eres.

Bueno, esto siguió por un rato hasta que Carlos no pudo pensar en más respuestas. Creo que la última tenía que ver con el polvo de estrellas y la evolución del universo. Fue gracioso, pero me hizo pensar también… ¿Cómo respondería yo? ¿Qué me define? ¿Quién soy yo?

Es casi imposible definir a una persona de una manera sencilla. Tienes que conocerla a lo largo del tiempo y, dependiendo de quién sea, puede tomar minutos o años. Muchas veces, no hay palabras que la definan. Cada persona es como una cebolla, las que son más interesantes tienen muchas capas y hay que tener paciencia en pelar cada una. Además, las que no encajan en el molde, son las más difíciles de conocer bien. Ellas, las que me sorprenden cada día, son las me caen mejor.

Nací en 1955 y eso me hace un *boomer*. Hoy en día, *boomer* es un término para personas mayores, y no es lisonjero; generalmente, aplica a un anciano que está contando una historia y no puede recordar una palabra clave o alguien que no puede prender su computadora sin la ayuda de un joven. Pero no siempre ha sido así. Una vez —hace años— fuimos jóvenes y éramos nosotros quienes cambiaríamos el mundo, cuidaríamos el ambiente, haríamos que todo fuera equilibrado y justo. Pero el tiempo pasó, perdimos nuestro camino y terminamos siendo como cualquier otra generación: avaros, mezquinos y egoístas; con pocas excepciones. Es decepcionante, pero igual predecible. Cuando eres joven, no importa nada más que tus ideales y creencias, pero los adultos tienen que mantener una cuenta de banco y poner comida sobre la mesa. Cuando la practicidad supera los ideales, las actitudes cambian.

Mi historia empieza en el bellísimo estado de Michigan, la tierra de la maravilla invernal (winter wonderland). Crecí a unas 40 millas fuera de Detroit, en un pequeño pero clásico pueblo llamado Plymouth. Tenía 8 mil personas y en el centro había un pequeño hotel y quizá treinta tiendas (entre ellas mi favorita, una tienda de pasatiempo para niños) que rodeaban un parque central donde celebrábamos el Festival de Otoño todos los septiembres. En ese parque también había un cañón, una reliquia de la

segunda guerra mundial, al que mis hermanos y yo subíamos mucho para jugar. No había un Starbucks, Home Depot ni un Walmart. Conocíamos y saludábamos a todos.

Plymouth estaba rodeado a un lado por campos de maíz y al otro por un sistema de parques que sigue al río Rouge. Un niño de 6 años podía andar allí solo y sin miedo.

Jugábamos mucho en las milpas con mis amigos, y nos sentíamos como si fuéramos los únicos ahí. El tiempo pasaba lento y, aunque hablo de los años sesenta, no era muy diferente a décadas anteriores, porque las cosas no habían cambiado mucho. Estábamos aislados geográfica y culturalmente en nuestro rincón feliz.

No podíamos predecir el futuro, éramos optimistas e ingenuos. Hablábamos mucho más sobre los coches, los deportes y las bombas atómicas que de política. A diferencia de hoy, ni siquiera sabíamos quién era conservador o liberal; éramos estadounidenses, y eso bastaba.

Cuando empecé la preparatoria, nos mudamos a un suburbio de Chicago. Luego me casé y, con mi hermosa esposa tuvimos tres hijos increíbles, nos establecimos en Los Ángeles y después en Cleveland. Más de 40 años después, sigo casado y unido a mi familia. Tuve una carrera más o menos exitosa, aunque nada extraordinaria, como consultor de tecnología y negocios. Hoy estoy retirado, a punto de cumplir 70 y siento que es buen momento para rememorar una vida.

Durante mi carrera viajaba mucho y, en cada país que visitaba, todo el mundo tenía que hablar inglés conmigo (como muchos estadounidenses, no sabía nada de ningún otro idioma). Nunca hubo problema, pero me molestaba no hablar un segundo idioma. Entonces, hace 11 años, a la edad de 58 años, decidí estudiar español. Nunca había estudiado antes un idioma extranjero seriamente y, esta vez, me sumergí con toda mi energía. No me di cuenta en ese momento de cuán impactante sería esa decisión que, realmente, inició un nuevo capítulo de mi vida. Terminó sucediendo que, aparte de que ahora sé hablar español (lo digo humildemente), abrí un nuevo mundo de amigos y experiencias que nunca hubiera podido imaginar. A lo largo de mis estudios empecé a escribir en español; el propósito original era simplemente hacer que mis clases fueran menos estresantes, pronto comprendí que revisar algo escrito era una buena manera de evitar el estrés de una conversación abierta. Poco a poco, comencé a disfrutar la escritura y lo que salió, después de mucho trabajo y mucha ayuda, es lo que estás a punto de leer.

Soy quien soy, tomando prestadas las palabras de Popeye el marino; sólo uno de los 8 mil millones en nuestro planeta. No soy excepcional, no he tenido una vida intrigante, fascinante ni particularmente desafiante. Nunca experimenté una gran tragedia, nunca logré nada más de lo que alguien hubiera esperado de mí. De hecho, ha sido una vida más o menos típica. Pero como todos, especialmente nosotros los mayores, tengo historias.

Te voy a pedir paciencia de antemano, lo que vas a leer es una compilación de recuerdos y anécdotas. No he intentado tejer las historias juntas y, a veces, va a parecer un poco difícil visualizar el panorama general. Lo siento, pero creo que es mejor así, pues ¿qué más soy que una colección de experiencias e historias? Te juro que las partes de mi vida que te aburrirían hasta el sueño no las he incluido.

Sin más preámbulos, aquí está mi vida americana.

El Club del plato limpio

El nombre de mi pueblo de la infancia, Plymouth, vino del nombre de la roca donde los peregrinos desembarcaron inicialmente a América del Norte. En honor a esto, teníamos un hotel que se llamaba El Mayflower, el mismo nombre del barco de los peregrinos. El Mayflower, un hotel bonito y pequeño, tenía un restaurante que considerábamos elegante.

Íbamos a este restaurante rara vez, sólo para ocasiones especiales. El día de mi primera comunión, un día especial en la vida de un católico en 1961, fuimos allí para desayunar. Claro, ese día mereció un desayuno especial; después de todo, fue la primera vez que comí el cuerpo y bebí la sangre de Cristo Jesús. Toda mi familia estuvo allí: mis padres, mis abuelos, mis hermanos y mi hermana. Eran mi mundo en ese entonces. Después de pedir, la mesera nos trajo nuestra comida. Había pedido un plato grande de panqueques y salchichas. Pude ver esa gran pila de panqueques apenas salió de la cocina; la mesera lo puso enfrente de mí y me dijo:

—Aquí hay muchos panqueques; si puedes comer todo esto, serás un miembro del club del plato limpio.

Ahora, todos nosotros sabemos que esto sólo es una expresión y no existe tal club, pero sólo tenía seis años y creía que este club era real y, por supuesto, quería ser miembro. Imaginé que, tal vez habría una tarjeta de socio, tal vez playeras, tal vez tendría reuniones. Estaba emocionado ¡Iba a ser un miembro del club de platos limpios! ¡Qué honor!

Claro, comí toda la comida de mi plato con gusto, no iba a dejar ni una migaja. Incluso limpié todo el jarabe de maple extra para asegurarme que no habría duda de que mi plato estaba limpio. Cuando la hora de retirar los platos llegó, estaba listo. Miré a la mesera con grandes expectativas, pero ella simplemente tomó mi plato sin decir una palabra. Claro, creía que ella iba a revisarlo en búsqueda de comida. ¿Cómo podían decidir quién estaba calificado para el club? Sin embargo, apenas lo vio. ¿Quizá había un inspector en la cocina, un oficial del club seguramente? Tuve que preguntarle a mi padre qué había pasado con el club porque, claro, había ganado el derecho a ser miembro.

—¿Qué club? —me preguntó.

—¡Papá!, el club del plato limpio, por supuesto —exclamé urgentemente, casi llorando por la preocupación de que perdieran mi plato antes de examinarlo.

La mesera y todos los adultos me oyeron, hicieron una pausa y luego se rieron con ganas. Me explicaron, riéndose, que no había un club de plato limpio, que sólo es una expresión. No podía creer lo que escuchaban mis oídos, sus palabras me devastaron.

Bueno, estaba decepcionado, quería esa playera. Igual, eventualmente me recuperé. Por muchos años, mi familia se burló de mí por eso, pero tenía que reírme con ellos también.

La Despedida

En el tercer grado tuvimos, por algunos meses, una maestra aprendiz en nuestra clase. Estaba allí para ayudar a nuestra maestra y aprender las prácticas. A todos los estudiantes les caía bien, era joven, amable y linda y todos competían por su atención. Pero, siendo yo muy tímido, casi nunca hablé con ella.

Probablemente solo estuvo una parte de su semestre universitario. Cuando le llegó el momento para irse, la maestra nos pidió que le hiciéramos tarjetas de despedida. Inmediatamente creí que era una buena idea, porque me caía bien y quería fuertemente darle una carta que la hiciera recordarme. Finalmente, tendría mi oportunidad de decirle cómo me sentía.

En esos tiempos, había oído una frase que en inglés es *good riddance*. Lo que aprendí más tarde, es que no es una expresión amable, porque significa que estás feliz de que alguien o algo se vaya. Por ejemplo, cuando Hitler murió, muchas personas dijeron *good riddance*. Pero, el principal problema era que no había oído la frase correctamente: creía que la frase era *good ribbons*, o en español, *buenos moños*. Claro, en mi mente, "buenos moños" tenía que significar algo bueno. Entonces, escribí en letras grandes *"Good ribbons"* sobre la portada de mi tarjeta. La decoré con cuidado, por supuesto con moños, y la firmé con mi nombre. Todos los estudiantes entregamos nuestras tarjetas a la maestra. Había trabajado duro en ella y estaba orgulloso de mi obra, seguramente la maestra aprendiz me iba a recordar por mi bonita carta.

Más tarde, después de revisar las tarjetas, la maestra de la clase, que era mayor y siempre seria, se acercó a mí y me preguntó en un tono irritado:

—¿Esto es lo que quieres decir? ¿Estás seguro?

No estaba sonriendo para nada. Yo no tenía ninguna idea de por qué ella me preguntaba eso, entonces le dije dócilmente:

—¿Sí?

Claro, ella pensó que yo había querido decir *"good riddance"*, pero nunca me lo explicó. Sólo exclamó "¡hmph!" y se marchó con indignación hacia su escritorio. Dejó claro que no estaba feliz conmigo.

La pregunta y la actitud de mi maestra me preocuparon, estaba muy estresado. No tenía el valor de preguntarle qué había querido decir con su pregunta ni por qué estaba tan enojada conmigo; tuve que esperar hasta llegar a casa. Cuando hablé con mi madre, me dijo que la frase correcta era *"good riddance"* y que era algo malo, que me había equivocado. Fue devastador, lamenté mucho lo que había escrito. Me sentí muy triste de que la maestra practicante creyera que yo estaba feliz de que ella se fuera. Y, al final, no tuve la oportunidad de expresar lo que quería decir en realidad. De hecho, cuando ella regresó para despedirse de todos los estudiantes, me escondí porque creía que ella iba a enojarse conmigo.

Y nunca la volví a ver.

Soldados de Juguete

Cuando tenía 7 años, recibía las noticias desde las cajas de cereal. Todas las mañanas desayunaba cereal con leche y mientras lo comía, leía la parte posterior de la caja. Siempre había algo interesante allí. Sí, leía la misma cosa por días y era emocionante cuando cambiaban lo que estaba escrito. Era mi ritual.

Un día, en el verano, estaba comiendo una taza de *Captain Crunch* y vi que había una foto de soldados de juguete en la caja; había británicos y coloniales. Eran soldados de la Guerra de la Revolución de los Estados Unidos, la que ganamos contra los ingleses. Era una promoción y, claro, los quería ¡Estaba enamorado de la guerra y los soldados! Todo lo que tenía que hacer era enviar algunos dólares y seis tapas de cajas y podía tener cientos de soldados. Sí, cientos. Entonces, le dije a mi madre lo que necesitaba y que comería solo este cereal hasta que tuviera todas las tapas. Bueno, accedió a apoyarme.

Ella me dio algunos pequeños trabajos y gané el dinero rápidamente. Tardé bastante más tiempo en comer seis cajas de cereal. Pero cada mañana comía mi cereal y cada día estaba un paso más cerca de mi sueño. Hasta que, finalmente, el día llegó. Tenía mis seis tapas y, con la ayuda de mi sabia madre, puse el dinero junto con las tapas en un sobre y lo envié a la empresa de cereales.

Luego, la espera comenzó. El proceso tardó semanas, casi una eternidad para un niño de siete años. Pero nunca me olvidaba de mis soldados. Y un buen día, llegaron. Después de ver mi recompensa, estaba un poco decepcionado. Sí, había cientos de soldados, pero cada soldado era muy pequeño y sólo de un color. Le dije a mi madre que creía que los soldados serían como los que estaban en la foto de la caja, y me indicó

que viera más cerca. ¡Tenía razón! Había imágenes de soldados con uniformes de colores múltiples, pero, detrás de ellos, había imágenes muy pequeñas de los juguetes. Bueno, me engañaron con esto, pero no me desanimaron, todavía iba a jugar con mis soldados de un solo color.

En ese entonces, vivíamos en nuestra primera casa en Plymouth, detrás de la cual había un campo grande que tenía a un lado un banco y al otro, una torre de agua y una estación de bomberos. Jugábamos mucho ahí. Cuando teníamos sed, íbamos a la estación para beber agua. Los bomberos eran amables y siempre hablaban con nosotros. En ese campo, unos camiones habían descargado un montón de tierra y cada uno hizo una pequeña colina. Parecía haber miles de pequeñas colinas, era un lugar perfecto para niños. También era un lugar perfecto para una guerra o, más precisamente, una revolución. Inmediatamente llevé a mis soldados, encontré una colina en el centro del campo y comencé a jugar con mis juguetes nuevos. Iba a crear la escena de una batalla y luego, me iba a asegurar de que los americanos ganaran. Mientras me divertía allí, oí a mi madre llamarme para almorzar. "¿Ya es la hora de almorzar?" pensé, "¿En qué piensan las madres? ¿No saben que una revolución es más importante que un almuerzo?". Sin embargo, dejé a mis soldados en medio de una gran batalla para almorzar. Después de comer rápidamente, regresé al campo para seguir jugando. Fui a mi colina, pero no vi a mis soldados. Tal vez estaban en otra colina. No, tal vez en otra. No podía encontrar mis nuevos juguetes, había demasiadas colinas de tierra. Busqué durante lo que parecieron horas y no pude encontrarlos, aunque mis hermanos y mis amigos me ayudaron. Fue como si mis soldados hubieran desaparecido. Busqué días después, pero mis soldados se perdieron para siempre. Nunca más encontré a mis soldados de la Guerra de la Revolución Americana.

Bueno, semanas de espera para una mañana de juego. Aprendí una gran lección ese día: ¡Recuerda dónde pones tus juguetes!

Mucho más tarde en mi vida, después de casarme y tener mis propios hijos, les contaba muchas historias. Algunas de mis historias eran exitosas y tenía que contarlas muchas veces. Pero, la historia de mis soldados de juguete fue poco apreciada. La conté una vez cuando Miguel, mi hijo menor, tenía más o menos 8 años, y nunca la conté ni pensé en ella otra vez. Claro, había creído que mis hijos se habían olvidado de esta historia hacía un largo tiempo.

Pero un fin de semana, más de 15 años después, Miguel y yo íbamos en carro y vimos un campo con pequeñas colinas de tierra dejadas allí por camiones. Noté que Miguel estaba mirando el campo y, de la nada, me miró y me preguntó:

—Papá, ¿quieres ir a ese campo para buscar tus soldados de juguetes?

No había pensado en esta historia por años, pero supe inmediatamente de lo que hablaba. Me hizo sentir bien, tocó mi corazón con su pequeño comentario. Le dije que me había sorprendido que recordara esa historia y me dijo que había pensado en ella de vez en cuando. Estaba aún más sorprendido y feliz.

¿Pensaste que iba a contarte una historia con un final triste? Por favor, sabes que nunca terminaría una historia tan tristemente. En este caso, tuve que esperar más de cincuenta años para mi final feliz, pero valió la espera. La alegría de tener juguetes nunca va a pesar más que la alegría de ser un padre.

Mi Primer Trabajo

En el cuarto grado tenía un amigo, Daryl Cockrell. Su familia tenía una finca y una tienda de productos agrícolas. Un día, Daryl me preguntó si quería trabajar en su finca por dinero. ¡Claro que sí quería trabajar! Me sonaba muy emocionante. En mi mente, tener un trabajo me haría un hombre. Entonces, un día después de la escuela, él, otros dos o tres amigos y yo fuimos a su finca para trabajar. Estaba emocionado y decidido a ser un buen obrero.

Era principios de la primavera y, cuando llegamos, pude ver que íbamos a trabajar en un invernadero grande. La tarea sería plantar semillas en cajas de platines, las cuales, a su vez, estaban en otras cajas más grandes dispersas en el piso del invernadero. El padre de familia, el Señor Cockrell, nos dio las instrucciones, una bolsa de semillas y nos dijo dónde debíamos comenzar. Teníamos que poner dos semillas en cada caja y empecé con gusto. Iba a trabajar duro, rápidamente y con cuidado. Pero, después de que el padre se fuera, uno de los hermanos mayores de mi amigo Daryl se acercó a mí y me dijo:

—¿Qué haces? Algunas de tus semillas están al revés.

Claro, no tenía ni la más pálida idea de lo que hablaba, pero quería aprender. Me dijo que había números en la parte superior de cada semilla y esta parte tenía que mirar hacia arriba, de lo contrario, la planta crecería abajo de la tierra. Claro, no sabía nada sobre las plantas, por lo que, ingenuamente, le creí.

Desde ese momento, empecé a buscar un número en cada semilla antes de plantarla. Era una tarea difícil porque, claro, no había números en las semillas. Trabajaba muy lento, a veces preguntaba a los otros chicos dónde estaba el número. La miraban rápidamente, elegían un lado y me decían cuál era el número. Pero yo nunca vi los números, y me asombraba que ellos pudieran verlos. Después de algunos minutos estaba muy estresado. Sabía que lo hacía muy lento, pero no quería que todas mis plantas crecieran hacia abajo, hubiera sido un desastre. Entonces, tracé un plan: no iba a regresar e iba a esconderme para siempre porque seguramente los Cockrell iban a ver que mis plantas crecían hacia abajo.

Luego, el padre regresó al invernadero y cuando me vio me preguntó:

—¿Por qué trabajas tan lento?

Oí un poco de risa de los otros. Le respondí:

—Porque no puedo ver los números.

Quería llorar, pero hubiera empeorado la situación. En ese momento, oí un estallido de risa, todo el mundo se rio con ganas. Inmediatamente entendí que era una broma. Funcionó bien porque no me di cuenta que tan tonto era creer que una planta creciera hacia abajo. Me sentí tonto por un rato, pero me reí mucho también. Todavía me río de ello.

La Leyenda del Puente de Mackinac

Tenía siete años, llevaba mis pantalones de la fuerza aérea y nada me podía haber hecho más feliz. Aún mejor, iba de vacaciones con mi abuelo, sólo él y yo. Eso era algo extraordinario porque mis hermanos y yo siempre hacíamos todo juntos, pero esta vez era una excepción. Y para más emoción, íbamos a la Isla Mackinac en autobús. Nunca había tomado un autobús y allá estaba, con mis pantalones favoritos, subiendo al autobús solo con mi abuelo.

Cuando era niño, la Isla Mackinac era uno de mis lugares favoritos en el mundo. Es un lugar turístico en el Lago Huron, muy cerca del estrecho de Mackinac, que conecta el lago Michigan con el Lago Huron. Tiene un nombre indígena que significa 'tortuga grande', y así se ve, como un caparazón de una tortuga.

Es pequeña y especial, y sólo se puede llegar en barco. Es fácil circundarla rápidamente, hay una calle que tiene 8 millas de largo que va alrededor de toda la isla. En el centro comercial hay restaurantes, tiendas de regalos y, las más famosas, tiendas de dulces (*fudge* es la especialidad de la isla, viene en todo tipo de sabores). Hay un hotel, El Gran Hotel, que supuestamente tiene el porche más grande del mundo, y que se hizo famoso en una película popular de los ochenta, *Somewhere in Time*. Sólo hay un coche en toda la isla, una ambulancia; otros coches no están permitidos. Los medios de transporte son a pie, en bicicleta o a caballo, así te da la sensación de que estás en otra época, lejos en el pasado. También es un lugar muy seguro, un niño de siete puede hacer cualquier cosa en esa isla sin supervisión ni miedo.

El viaje hasta la isla sucedió sin muchos acontecimientos notables. Recuerdo que llevamos nuestros almuerzos en bolsas de papel marrón y que comí el mío demasiado temprano, entonces pasé horas sin comer nada, algo un poco difícil para un niño tan pequeño. Mi abuelo y yo hablamos poco, era un hombre  de pocas palabras, pero no me molestó porque estaba feliz de simplemente estar con él. Lo que más recuerdo del viaje es la vista del puente de Mackinac una vez que llegamos cerca al lago Michigan. El puente es una hazaña de tecnología impresionante, es verdaderamente magnífico. Abarca el estrecho de Mackinac y así conecta la península superior de Michigan con la península inferior y se construyó en 1957, sólo 5 años antes de esta historia. Es un puente colgante que mide 5 millas, lo que lo hace ocupar el puesto número 27 entre los más largos del mundo actualmente. Este puesto no suena impresionante, sólo porque los chinos han construido más o menos 20 de los puentes más largos después. Créeme, parecía más largo en 1962.

Mientras esperábamos el barco que nos iba a llevar a la isla desde la península inferior, miramos el puente en un momento de silencio. De repente, mi abuelo me dijo: 

—Hay un hombre muerto en ese puente.

—¿Qué? —respondí con incredulidad.

Mi abuelo me explicó que cuando vertían el cemento de una de las torres de soporte, un hombre se cayó accidentalmente en el cemento.

—Pero ¿no dejaron de verter el cemento para encontrar al hombre, abuelo? —dije.

—No, no fue posible —respondió sin emoción.

No lo podía creer, imaginé un hombre muerto acurrucado en una de las torres. Inimaginable y, al mismo tiempo, muy perturbador. Decidí inmediatamente que no iba a ser un trabajador de puentes.

Llegamos a la isla sin problemas, disfruté mucho el paseo en barco. Íbamos a quedarnos en un lugar muy especial, la mansión del gobierno del Estado de Michigan. En ese entonces, mi abuela era la niñera de los hijos del gobernador del estado, el Gobernador Swainson. Aunque más tarde sería declarado culpable de haber aceptado un soborno y por eso pasaría 60 días en la cárcel, me caía súper bien. Había sido soldado en la segunda guerra mundial y allí había perdido las dos piernas por debajo

de la rodilla mientras manejaba un jeep que pasó sobre una mina terrestre. Era una persona sociable y amable. Visitábamos mucho a su familia mientras era gobernador, tenía una esposa muy glamorosa y los dos tenían tres hijos: dos varones mayores que yo y una niña de mi edad. Jugábamos juntos durante  nuestras visitas y me aceptaron como cualquier otro amigo.

El gobernador —que sólo tenía más o menos 37 años en aquel tiempo— se llevaba bien con mi abuela y jugaba con nosotros cuando tenía tiempo. Le gustaba especialmente nadar con nosotros. Recuerdo que una vez que llegaba a la piscina, se quitaba sus piernas artificiales, se tiraba al agua y luego nos lanzábamos alrededor. ¿Alguna vez has nadado con un verdadero gobernador? Si no, no has vivido. Siempre era natural y bromeaba con nosotros y con mi abuela, entonces me sentía cómodo a su lado.

La mansión era grande y especial. Nunca había estado en una casa tan inmensa y elegante en mi vida, tenía miedo de tocar cualquier cosa. Me impresionó mucho, y esta visita fue especial. Primero, el gobernador estaba allí. Segundo, tenía mi propio cuarto en el cual, desde la cama, podía ver afuera por la ventana directamente al puente. El puente era especialmente impresionante durante la noche por la cantidad de luces que tenía, me maravillaba con su imponente presencia cada noche antes de dormir.

Una mañana me desperté temprano y, todavía llevando mi piyama, salí de mi cuarto y bajé las escaleras. Fui a la cocina para encontrar algo qué comer y noté que el gobernador ya estaba en el porche justo fuera de la cocina tomando su café. No lo podía ignorar, así que me uní a él y me saludó con una gran sonrisa. Desde ese lugar en el porche teníamos una buena vista del puente que siempre llamaba la atención y, en un momento mientras los dos lo admirábamos, le dije casualmente que, según mi entendimiento, había un hombre muerto en una de las torres, que se había caído accidentalmente en el cemento. Parecía que al gobernador le gustó mi comentario. Pensó un momento, luego su sonrisa se hizo aún más grande, me miró directamente y me respondió muy amablemente:

—Bueno, Roy, creo que ese mismo hombre muerto está en todos los puentes.

Bueno, pausemos un rato aquí. Recuerda que sólo tenía siete años y que era muy ingenuo. De hecho, no tenía ni idea de lo que me estaba diciendo el gobernador con su comentario que a mí me había parecido tan vago que me resultó ininteligible. Mi primer pensamiento fue, obviamente, "¿Cómo puede un hombre estar en muchos lugares a la vez, especialmente un hombre muerto? Sería imposible". Pero el gobernador me estaba mirando y sonriendo tan ampliamente como antes. Claro, quería decir exactamente lo que me dijo, no podía haberse equivocado ¡Era el gobernador!

Entonces, simplemente sonreí y seguí mirando el puente con él. Claro, no entendí para nada su respuesta, pero tampoco pude formular una pregunta. Su comentario sonó tan extraño que ninguna respuesta salió. Me quedé callado y el gobernador terminó su café y se fue después de despedirme amablemente. No se dijo nada más del puente ni del hombre muerto.

Pero, el comentario del gobernador me dio muchas vueltas por la mente durante mucho tiempo. Vacilaba de un pensamiento a otro. ¿Era posible que hubiera una persona muerta en todos los puentes? ¿Cómo podría ser? ¿Cómo se habían permitido unas pérdidas tan grandes, un hombre muerto en cada puente? Posiblemente me lo pregunté durante semanas sin solucionarlo hasta que, finalmente, su comentario enigmático se desvaneció de mi conciencia.

Gradualmente, fui enfocándome en otros problemas, asuntos y maravillas y dejé de preguntármelo. Si me hubieras preguntado en ese entonces, te hubiera dicho que nunca iba a entender lo que me dijo. 12 años más tarde, cuando tenía 19 años, un día estaba en una clase de ingeniería civil en la universidad. El profesor nos estaba enseñando algunos cálculos de puentes y, de la nada, me di cuenta de lo que me había dicho el gobernador Swainson; sucedió en un instante. Claro, lo que quería decir es que era una leyenda que casi todos los puentes tenían, pero no era verdad, que realmente no había un hombre muerto en ningún puente. Fue algo que se me ocurrió sin haber pensado en su comentario durante años, simplemente apareció en mi mente. ¡Qué milagro! Gracias a Dios por aliviarme de esa molestia. Quería decírselo a alguien, pero lo pensé un minuto y decidí que sería mejor no mencionar que no lo había entendido, porque una vez me di cuenta de lo que él había querido decir, la respuesta era obvia. Y claro, no podía admitir que no había entendido algo tan obvio por tanto tiempo.

Entonces podemos estar seguros de que no hay un hombre muerto acurrucado en una de las torres del puente de Mackinac.

Bueno, es lo que creí durante los siguientes 50 años, pero, gracias a Internet, podemos saber final e inequívocamente si un hombre murió así durante la construcción. Lo que encontré, gracias al internet, de hecho, es que no sólo murió uno, sino que cinco hombres murieron y, lo más relevante, es que uno de ellos cayó en uno de los cajones de cimentación, precisamente donde ponen el cemento. Entonces, es posible que mi abuelo tuviera razón después de todo. Lamentablemente, es todo lo que pude encontrar. ¿Puede ser que todavía esté allí? Desafortunadamente no pude encontrar este hecho, entonces seguirá siendo un misterio para siempre, o al menos por otros 50 años.

Pero una cosa que aprendí con certeza de todo esto es que, a pesar de que se fue hace mucho tiempo, seguramente nunca voy a dudar de mi abuelo otra vez.

Red Rover

Durante los veranos, después de cenar, los niños de mi barrio salían mucho a las calles para jugar. Jugábamos a capturar la bandera, al béisbol, al escondite o a *Red Rover. Red Rover* es un juego muy popular entre los niños. En nuestra versión, todos los jugadores excepto uno, comenzaban a un lado de un jardín o un campo. La excepción era el ganador del juego previo, quien empezaba en el medio del jardín. Este niño llamaba, en una rima, a una persona o a todos para cruzar el  jardín. Luego, el niño en el medio trataba de taclear a quienes intentaban cruzar. Los que estaban tacleados, tenían que quedarse en el jardín para taclear a los otros el próximo turno. Esto pasaba hasta que todos los niños eran tacleados. El último en ser tacleado era el ganador.

Una tarde, estaba caminando por el barrio y pasé por la casa de Peggy Cunningham. Peggy era una bonita y popular niña de mi grado. Vi que mis hermanitos y otros niños jugaban "Red Rover" y me llamaron para jugar con ellos. Todos los niños eran menores que yo y, normalmente, yo no hubiera jugado con niños tan pequeños, pero esta vez estaban en el jardín de Peggy. Teníamos la misma edad, entonces ya la había conocido, pero casi nunca hablábamos. Vivía a sólo una calle de ella y, a pesar de que quería ser su amigo, sólo éramos conocidos. Entonces,  pensé que tal vez iba a ser una oportunidad para hablar o jugar con ella y decidí unirme con los niños.

En el juego, yo era el mayor por al menos dos años, entonces nadie podía taclearme. No estaba orgulloso de eso, no creía que fuera un atleta supremo por eso, simplemente era así. Pero nos divertíamos mucho porque en cada partido, después de que todos los otros niños estaban tacleados, les permitía sostener mis piernas y brazos, luego los arrastraba alrededor del jardín hasta que todos nosotros caíamos en una gran pila de niños. Había mucha, mucha risa y no importaba quién ganaba.

Después de algunos minutos, Peggy salió afuera y las cosas se pusieron más interesantes. Ella vio que yo cruzaba fácilmente hacia atrás del jardín al principio del partido, que los otros niños me ignoraban. Pero esto le molestó y empezó a gritar:

—¡Taclea a Roy, cree que es chido porque nadie lo puede taclear!

Esto me confundió, claro que no pensaba que era chido, nunca en mi vida lo había pensado y, por supuesto, no iba a sentirme así cuando jugaba con niños pequeños. Pero ella siguió enojándose, por una razón que me parecía un poco más que irracional. No sabía qué debía hacer, entonces seguí jugando, pero de una manera relajada. Claro, dejé de divertirme, tener una chica linda apoyando tu desaparición era un poco estresante.

Luego, ella decidió unirse el juego, solo para taclearme, aparentemente para darme una lección. Si los otros niños no podían derribarme, ella lo haría por sí misma. Peggy comenzó en el medio del jardín y fue directamente hacia mí, estaba decidida a taclearme como si fuera la cosa más importante en su vida. Los primeros dos o tres intentos pude evitarla fácilmente, pero eso la enojó más y más. Claro, yo estaba más confundido y todavía no sabía qué hacer. Entonces, decidí permitirle taclearme. Después de dos veces de esto, ella se enojó aún más y gritó:

—¡Ahora estás permitiéndome taclearte!

Con esto me dio una patadita en la espalda y se fue a casa. Qué estresante. Creía que iba a tener una oportunidad para hablar con ella y tal vez conocerla mejor, pero por lo visto eché a perder todo. No hablé mucho con Peggy después de esto, creo que la evitaba. De hecho, me daba un poco de miedo.

Bueno, este fue uno de los muchos fracasos con muchachas en mi vida joven.

Cinco dólares #1

Una vez fui con mis abuelos a Pittsburgh, un viaje de más o menos 6 horas desde Plymouth. Fuimos para visitar a mi tía abuela en un pequeño pueblo de carbón en Pennsylvania. Un día, mientras caminaba con mis abuelos por el centro de este pueblo, miré hacia abajo y, para mi sorpresa, había un billete de cinco dólares. Lo miré fijamente un momento. Finalmente, lo recogí.

—¿Es verdadero? —pregunté a mi abuela.

—Sí, es verdadero —me respondió.

"Soy rico", pensé, "Soy rico". No podía creer mi suerte, nunca imaginé que tendría tanto dinero en toda mi vida. Estaba tan emocionado que no podía pensar correctamente, sentía que iba a ser rico para siempre. Pero, después de unos minutos, una vez que recuperé mi cordura, decidí lo que tenía que hacer: iba compartir mi riqueza, compraría regalos para toda mi familia. Mis abuelos estuvieron de acuerdo y, probablemente, orgullosos también.

Fuimos a una tienda; era una farmacia que vendía muchas otras cosas también, donde un pariente era el dueño. Mis abuelos nos presentaron, y el señor recorrió conmigo la tienda ayudándome. Claro que sí, fue un gran negocio para él. El único regalo que recuerdo es una brocha de afeitar para mi padre, porque se afeitaba a la manera antigua con una navaja de barbero. Necesitaba seis regalos. Lamentablemente, después de elegir cuatro, el dueño de la tienda me dijo que se me había acabado el dinero. "¡No puede ser... tengo cinco dólares! ¡Una fortuna! Tengo que tener suficiente dinero para regalos para mi familia entera", pensé. ¡Qué choque! Creía que con cinco dólares compraría todo lo que quería, tal vez un carro también. Estaba muy decepcionado. Pero el dueño me ayudó mucho y, al final, pude comprar regalos para todos. Creo que mis abuelos me ayudaron con dinero extra. Luego, me compraron un helado para alegrarme. Estaba quebrado, pero todavía feliz.

Por supuesto, no me sobró dinero para mí después de comprar todos los regalos. No hubo problema, disfruté la lección que aprendí: incluso cinco dólares no duran para siempre. Bueno lo que fácil viene, fácil se va.

Cinco dólares #2

Como todo el mundo ya sabe, el dólar valía más en el pasado que hoy en día. Se podía comprar una barra de chocolate por cinco centavos y un coche de plástico de juguete por un dólar y quince centavos. Una entrada para el cine solo costaba treinta y cinco centavos para un niño de 12 años o menos. Un galón de gasolina costaba más o menos veinte centavos. Sí, con un dólar se podía comprar mucho.

Segundo, en aquel entonces muchas personas se preocupaban mucho por su dinero. Muchos adultos habían vivido la gran depresión de los años treinta y fueron muy afectados por ella. Mis padres y abuelos no fueron la excepción, eran cuidadosos con cada centavo, nunca malgastaban el dinero. Les he dicho a mis hijos que crecí a la sombra de la gran depresión, aprendí pronto que era un pecado malgastarlo.

Una vez, cuando tenía más o menos siete años, mi madre necesitaba algunas provisiones y me pidió ir al mercado para comprarlas. No había problema, ya había hecho muchos mandados anteriormente. Normalmente, me daba casi la cantidad de dinero exacta, pero esta vez sólo tenía un billete de cinco dólares. ¡Cinco dólares! ¡Era una fortuna! ¡Qué responsabilidad! Mi madre me dijo muchas veces:

—Recuerda el cambio, no olvides el cambio, la cajera va a darte el cambio, no lo olvides.

Eso me puso muy nervioso, tomé el billete de cinco dólares y corrí al mercado. Una vez que encontré los comestibles fui a la caja para pagar, recuerdo que la cajera me dijo:

—Cinco dólares, es mucho dinero para un niño.

Gracias por la presión extra, señora. Me dio el cambio y lo puse en el bolsillo de mis pantalones, luego, lo agarré con fuerza y me aferré a él todo el camino a casa. Cuando llegué a casa, fui directamente hacia mi madre y le di el cambio. Fantástico, no perdí un centavo. ¡Qué gran éxito! Celebré, hasta que mi madre me preguntó:

—¿Dónde están los comestibles?

¡Ay, no, se me habían olvidado los comestibles! Tuve que regresar al mercado, donde la cajera se rio de mí, para llevarlos a casa. Bueno, no hubo problema, solo estaba contento de que ya no tenía que preocuparme por esos cinco dólares. Demasiada responsabilidad para un niño de siete años.

La Natación #1

Cuando tenía ocho años, mi familia y yo nos mudamos a una nueva casa al otro lado de Plymouth, una casa que tenía una piscina en el jardín trasero. Esto fue muy emocionante para mí y mis hermanos ¡Nuestra propia piscina! Imaginé las horas que íbamos a jugar en ella. Pero, había un problema: mis hermanos y yo nunca habíamos estado en una piscina, no sabíamos nadar.

Recuerdo que, después de mudarnos a nuestra nueva casa, a pesar de que no sabíamos nadar, a menudo íbamos a la piscina y jugábamos en la parte poco profunda. Siempre tenía miedo de caerme en la parte profunda, pero igual nos divertíamos. Hasta que conseguimos un pequeño bote de plástico con el que podíamos flotar por toda la piscina. Durante semanas nos divertimos mucho con este bote.

Cuando le conté esta historia a mi esposa, la escuchó con horror porque mis padres nos permitían jugar en la piscina solos, aun cuando no sabíamos nadar y cuando los adultos no estaban presentes. Sí, no era lo ideal, pero creo que mis padres no pensaban mucho en la seguridad. En aquellos días, no había muchos avisos sobre la seguridad de los niños.

Un día, decidí jugar en la piscina solo, algo que había hecho muchas veces antes. Nadé un poco en la parte poco profunda de la piscina y luego comencé a jugar con el bote. No recuerdo lo que estaba haciendo, tal vez imaginaba que era un pirata, pero navegaba alrededor de toda la piscina, aun por la parte más profunda. Luego, pasó lo que mi esposa temía: de repente el bote se volteó y me hundí. Aunque fue hace más de sesenta años, recuerdo claramente mis sensaciones. Primero, me di cuenta que estaba sumergido completamente y no podía respirar y, segundo, me llené de terror. No sabía nadar y

estaba en medio de la parte profunda. Mi cabeza estaba sumergida, no podía respirar y entré en pánico. En seguida, comencé a azotar mis brazos y patalear con furor, con todo mi esfuerzo pude llegar al borde de la piscina ¡Que milagro! El naufragio solo duró segundos, pero pareció una eternidad. Tomé un momento para agradecer a Dios porque todavía estaba vivo. Pero, mi pensamiento siguiente fue… ¡que había nadado, había nadado casi dos metros! Pasé del terror a la curiosidad en sólo unos minutos. Fui a la parte poco profunda y comencé a practicar más. Después de sólo unos minutos más, estaba listo para probar mi nueva habilidad en la parte profunda. Chapoteé de un lado a otro muchas veces, aún con una pausa en el camino. Aunque tenía una sensación nerviosa en el estómago, estaba eufórico por mi logro.

Entonces, me auto enseñé a nadar. Estaba orgulloso, pero no recuerdo haber contado a mis padres lo que pasó. Tal vez les dije que pude nadar y ellos respondieron:

—Bien.

Recientemente le pregunté a mi madre si recordaba este evento, pero no tenía ninguna idea de cómo aprendí a nadar. De hecho, no mostró mucho interés en ello tampoco.

La Natación #2

Algún tiempo después de mi experiencia en la piscina, mi madre me hizo tomar clases de natación a las que, por supuesto, no quería ir. ¿Por qué? Primero, ya sabía nadar y, segundo, no me gustaba cuando alguien me decía lo que debía hacer. Sí, era un poco obstinado y contreras. De todos modos, mi madre me dijo que tenía que ir. Ella me llevaba a las clases, que eran cada sábado en el verano y se daba en la prepa local. Qué manera de arruinar un sábado. Fui a la primera clase y decidí que tenía razón, no me gustaba y no iba a aprender nada. No recuerdo precisamente lo que no me gustaba, pero estaba seguro de que no quería volver.

Entonces, las semanas siguientes bajaba del carro, le decía "hasta luego" a mi madre, iba a la escuela y salía directamente a pasar tiempo en el patio de recreo. Incluso me di cuenta de que, si llevaba cinco centavos, podía comprar un cono de helado durante el descanso (había un *Dairy King* al lado de la prepa, no sé dónde estaba su reina). Perfecto, era el dueño de mi sábado otra vez.

Cada semana, para mantener mi secreto, tenía que mojar mi pelo y mi traje de baño antes de la llegada de mi madre. Había un reloj fuera de la escuela así que siempre sabía la hora. Claro, lo tenía todo planeado perfectamente, mi truco estaba funcionando.

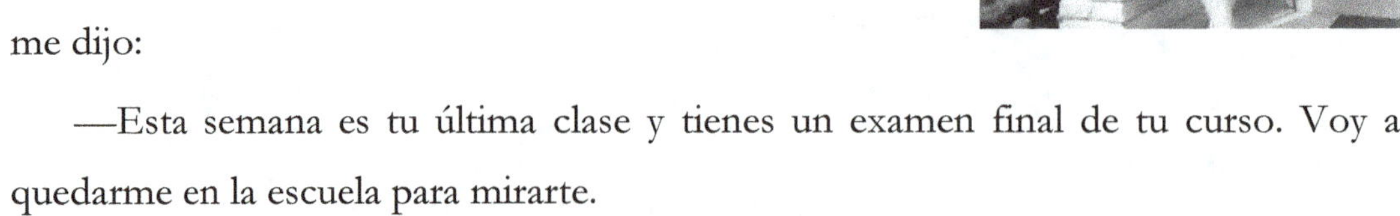

Todo fue bien por algunas semanas, hasta que un sábado mi madre y yo estábamos de camino a la clase y ella me dijo:

—Esta semana es tu última clase y tienes un examen final de tu curso. Voy a quedarme en la escuela para mirarte.

"¡Oh no! ¿Cómo puede ser?", pensé. ¡Qué terror! Por supuesto, me preocupaba que ella descubriera que no iba a las clases. También, creí que la maestra no me recordaría y tal vez no me dejaría tomar el examen. Esto no iba a ser bueno para mí, no podía imaginar el castigo que iba a recibir.

Empecé a sudar profusamente e hice un plan. Cuando el carro frenó, bajé tan rápido como pude y me fui directamente a la escuela, así que pude llegar a la maestra antes que mi madre. Me puse el traje de baño rápidamente y fui a la piscina. Recuerdo que la maestra me vio y me dijo:

—¿Qué haces? ¿Quién eres?

Claro, ella no me recordaba de la primera clase. Le dije, con mucho miedo, pero con una cantidad de creatividad que no sabía que tenía, que era de otra clase y tenía que tomar el examen en su clase. Cómo pensé en eso, no te lo puedo explicar; el terror puede sacar lo mejor de uno. Después de dedicarme una mirada de confusión, me dijo:

—Bueno, ve con los otros estudiantes.

Ella sólo tenía unos dieciséis años; al parecer, no le importaba que hubiera un niño extra en su clase.

Bueno, hasta entonces todo iba bien. Luego, la hora del examen llegó. Al principio, estaba muy nervioso porque ¿cómo podía pasar el examen sin haber tomado las clases? Bueno, cuando vi el examen, me di cuenta de que podía pasarlo fácilmente; sólo tenía que nadar de un lado al otro de la piscina, una vez con una tabla flotante y otra sin tabla. Tomé mi lugar en la cola entre los otros niños que no conocía, esperé mi turno y luego realicé el examen completo con éxito. Después del examen, la maestra me dijo:

—Buen trabajo.

Incluso recibí un certificado de finalización de la clase.

Nunca supe si mi madre se dio cuenta de que nunca fui a las clases realmente. Le he preguntado algunas veces, mucho tiempo después, y ella no lo recuerda. Yo tampoco recuerdo la conversación durante el camino a casa, pero si ella me hubiera dicho que sabía que no fui a las clases, creo que yo lo recordaría. Era, en general, un buen niño, y guardo en mi memoria todas las veces que tuve problemas con mis padres.

Entonces, aprendí una lección que me ayudaría mucho en el futuro: que podría ser divertido perder una clase. Fue muy útil cuando las clases de catecismo empezaron.

Lava Ardiente

Tengo dos hermanos, uno dos años más joven que yo y el otro, tres. Hasta los dieciséis años, dormíamos juntos en la misma recámara y nos divertíamos mucho. Por ser el mayor, era el líder y lo que decía era ley; pero, al menos en mi mente, era un rey generoso y comprensivo. Jugábamos juntos todo el tiempo, también peleábamos un poco aquí y allá, pero era el más grande y todo el mundo sabía quién iba a ganar

una pelea. Normalmente, los sostenía y les pegaba en los brazos hasta que estuvieran de acuerdo conmigo; era un sistema que funcionaba bien, siempre tenía el control, las peleas entre mis hermanos y yo eran raras y nuestros padres casi nunca tenían que involucrarse. De hecho, me aseguraba de que no lo hicieran, porque yo siempre era el culpable; claro, era el más grande.

Recuerdo dos cosas sobre nuestra recámara que vale la pena contar. Primero, teníamos un aire acondicionado que mi padre compró porque mi hermano Patrick tenía asma y eso lo ayudaba a respirar mejor. Nunca había oído y nadie me había explicado de acondicionadores antes, entonces creía que era una máquina que emitía medicina en el aire. Como no me gustaba la idea de medicina en el aire, muchas veces lo apagaba; probablemente le debo una disculpa a mi hermano por eso.

Segundo, mis hermanos eran un poco particulares; se ponían nerviosos y a veces no podían dormir bien. A menudo estaba a punto de irme a dormir —o ya estaba durmiendo— y escuchaba a uno de ellos susurrar mi nombre. Decía mi nombre una y otra vez, comenzando con un susurro que se volvía cada vez más fuerte hasta que les respondía:

—Sí, ¿qué quieres?

La respuesta siempre era la misma:

—Sólo quería saber si estabas despierto.

En algunas ocasiones, esta escena pasaba muchas veces en una noche hasta que me levantaba de la cama, iba a la de mi hermano para torcer su brazo hasta que dijera que no iba a decir mi nombre otra vez. Ahora, cuando mis hermanos y yo hablamos de esto nos echamos a reír. Nunca supe por qué era tan importante para ellos saber si yo estaba despierto.

Mis hermanos y yo jugábamos mucho a las luchas, siempre eran los dos contras mí. Normalmente, sostenía a uno entre mis piernas mientras luchaba con el otro hasta que se daba por vencido; luego, volvía al otro para hacer que él se diera por vencido. Era un juego que se repetía mucho, mis hermanos siempre estaban listos para luchar conmigo.

Después de algún tiempo, el juego llegó a ser un poco más sofisticado. Imaginábamos que el piso de nuestra recámara era de lava ardiente. Luchábamos en una cama intentando poner al otro en la lava caliente; si alguna parte de tu cuerpo tocaba el piso, perdías. Claro, nadie puede vivir después de tocar la lava ardiente. Por años este juego fue nuestro favorito, especialmente para mis hermanos; puedo recordarlos cantando "¡Lava ardiente! ¡Lava ardiente!", muchas veces.

El juego llegaba a su fin de la misma manera casi todas las veces: luchábamos en la cama hasta que podía sostener a uno de mis hermanos entre mis piernas y luego bajaba al otro, volteado de espaldas, hacia el piso tan despacio como podía; una vez que se quemaba en la lava, volvía al otro para hacer lo mismo. Nos reíamos mucho.

Siempre ganaba yo; bueno, casi siempre, porque una vez definitivamente perdí. De alguna manera, mis hermanos pudieron sostener mis brazos detrás de mi espalda y en un momento estaba de rodillas encima de la cama y, al momento siguiente, estaba cayendo de cara hacia el piso. Aterricé en mis dos dientes delanteros, y claro, se rompieron. Las mitades interiores de ambos dientes se partieron, lo cual hizo un gran espacio en mi sonrisa en forma de una "V". Enseguida llevé mi mano a mi boca y sentí que mis dientes se habían roto; les mostré a mis hermanos y ellos comenzaron a buscar los pedazos.

Estaba asombrado por tres razones. Primero, había perdido mi primer juego de lava ardiente, fue el final de una gran época. Segundo, había un agujero grande donde mis dientes solían estar. Tercero, no sentía dolor. Debí haber aterrizado directamente en mis dientes porque no tenía ninguna otra herida.

Después de recuperarme un poco —al menos emocionalmente—, nos fuimos con los pedazos a contarles a nuestros padres. Yo estaba con la boca tapada con las manos, les dije que me había roto los dientes y se los mostré. Mi padre, siempre tranquilo, dijo:

—Bueno, ahora no necesitas aparatos.

En cambio, mi madre dijo las palabras famosas en mi familia:

—¡Oh no, mis muebles nuevos!

Aparentemente, ella había estado ahorrando para muebles nuevos, y el dinero ahora tenía que ser gastado en el dentista. Mi madre siempre tenía las palabras que me hacían sentir mejor.

Fuimos al dentista para que me los arreglara, me hizo tratamiento de endodoncia y rellenos temporales. Después de más o menos un año, mis dientes se volvieron de color gris y esto no ayudó a mi autoestima. Algunos años más tarde, me hizo porcelanas enteras; eran mejores, al menos eran blancas. Hace pocos años, más o menos cincuenta años más tarde, reemplacé mis raíces y obtuve implantes. Ahora mis dientes están bien, pero he pasado mucho tiempo en la silla del dentista, sólo por un juego de lava ardiente.

Hace unos años, mi esposa regresó de un almacén y me dijo que vio un cojín que tenía escrito esto: "Si no has jugado lava ardiente, no has sido niño".

—No es posible —le dije—. Mis hermanos y yo lo inventamos, y nadie más conoce este juego.

Pero ella tenía razón, lo busqué en internet y el juego existe. El juego mencionado en el cojín es un poco diferente a nuestro juego, donde los participantes tratan de ir del punto A al punto B en una casa o sala, sobre los muebles, sin tocar el piso. Nuestro juego era de lucha, mucho más divertido para los niños.

Mi dominio de lucha sobre mis hermanos duró hasta que los dos se unieron al equipo de luchas de la secundaria. Cuando tenía diecisiete años, me di cuenta de que no podía ganar una lucha contra los dos juntos. Con diecisiete años ya estaba viejo.

Cuando mis hermanos y yo hablamos de esos días, nos divertimos mucho. Tiempo después estuve muy emocionado cuando nos mudamos a Chicago y recibí mi propia recámara; me gustaba, pero nunca me divertí tanto como cuando dormía con mis dos hermanos. Ahora, uno es un médico en Chicago y el otro es profesor de historia en Londres. Los extraño, pero no lo suficiente para dormir en la misma recámara con ellos.

Washington DC

Era el invierno del año 1969 y yo tenía 13 años. Mi mamá, siempre ocupada, era voluntaria del Partido Republicano y por eso fue invitada a Washington DC para participar en una gran conferencia. Me invitó a ir con ella y me emocioné mucho, iba a volar en un avión y conocer la capital de mi nación por primera vez y, quién sabe, quizás conocería al presidente de los Estados Unidos. Claro que soñaba, pero si un niño no puede soñar, ¿entonces quién?

Cuando el día llegó, estaba listo con mi maleta, mi cámara Kodak Instamatic 34 y una billetera que mi mamá me había comprado especialmente para esta ocasión. Llevaba mi ropa de iglesia, todo el mundo se vestía elegantemente para volar en un avión. Tuvimos buenos asientos, podía ver hacia atrás las alas, los motores y hélices, y abajo las nubes. Todavía tengo como 50 fotos de la parte superior de muchas nubes.

Mi madre tenía tres días llenos de reuniones, luego habría un gran banquete que marcaría el fin de la conferencia. No me lo dijo explícitamente, pero lentamente me di cuenta de que tendría que pasar los días recorriendo la capital solo; la idea de recorrer una ciudad tan grande me estresaba, pero no quería perder la oportunidad. Cada mañana mi mamá escribía una lista de los sitios que iba a visitar y me daba el dinero para la comida y los taxis. También, tenía una tarjeta del hotel con la dirección para volver. El primer día

quise llorar en el momento en que mi mamá cerró la puerta del taxi, estaba solo en una ciudad grande y desconocida, y era muy consciente de que podía perderme fácilmente.

Pero el taxista fue muy amable; de hecho, todos los taxistas me ayudaron y pronto me di cuenta de que podía manejar la situación. Para el tercer día empecé a disfrutar mi independencia; en esos tres días visité casi todos los sitios importantes: el

Monumento de Washington, el Monumento de Lincoln, el Museo Smithsonian, etcétera. En aquel entonces, había carritos que vendían *hot dogs* en todas partes, cada carrito tenía un paraguas que lo protegía del sol y de la lluvia. Una vez subí a un taxi y el taxista me dijo: "

—Oh, ¿comiste en la posada de sombrillas?.

En respuesta, le pregunté que quería decir con "la posada de sombrillas", porque no le entendí, y me dijo que tenía mostaza por toda mi camisa. Jaja, buena broma.

El último día de la conferencia hubo un gran banquete con todos los voluntarios; mi mamá me invitó y quise ir, porque era la primera oportunidad de no cenar solo en la habitación. Se celebró en un salón grande con cientos de mesas y cada una tenía de 12 a 15 personas. Aguanté los discursos aburridos con una buena actitud, sabía que este evento le importaba mucho a mi mamá. Para mi sorpresa, el último presentador era el único e inigualable presidente Richard Nixon. Dio un discurso corto en el escenario y mientras salía del salón se detuvo en varias mesas para saludar a la gente personalmente; lo seguí un rato, pero el comedor era grande y lo perdí de vista, probablemente porque el postre me llamó más la atención.

Mientras disfrutaba el postre, sentí una mano sobre mi hombro, miré hacia arriba y era el propio *"Tricky Dickie"*. Habló con todo el mundo en la mesa un rato y, luego, con su voz enérgica preguntó:

—¿Y quién es este guapo joven?.

Mi mamá le dijo que era Roy, su hijo, porque yo estaba completamente congelado de miedo. Creo que comentó que estaba feliz de que una persona tan joven fuera un representante del Partido Republicano (lo decepcionaría mucho si estuviera vivo ahora). Me habló directamente un rato y después se fue. Bueno, mi mamá estaba tan orgullosa de este evento que durante años contaba la historia a todo el mundo, sin importar el contexto.

Para mí, fue un sueño hecho realidad.

El noveno grado

Era el otoño de 1969 y acababa de entrar en noveno grado. El conflicto en Vietnam se desencadenaba, había motines en las calles de las grandes ciudades y Woodstock anunciaba una gran transformación de la música y la cultura. Pero yo tenía 14 años y no sabía nada de nada; había pasado toda mi vida en un pueblo aislado en el

interior de Michigan y, en aquel entonces, si querías saber lo que estaba pasando en el mundo, tenías que buscarlo. Más nunca lo intenté, había otras cosas que me mantenían ocupado en mi propio pequeño mundo.

Todos los chicos de noveno de mi pueblo iban a una escuela de sólo este grado y el cambio me estresó. Había pasado 3 años en la misma escuela, me había acostumbrado a ella y ahora tenía que enfrentarme a una nueva. Era mi primer año de la prepa oficialmente, aunque la escuela no era una prepa completa, y estaba muy inquieto. Mi dilema principal era que quería con toda mi alma seguir practicando deportes. La prepa era un gran paso y no estaba seguro de poder hacerlo; era mi sueño y tenía que tener éxito, no sabía lo que iba a hacer sin los deportes. Eran, y todavía son, una parte importante de mi identidad. En los primeros meses de ese año tuve una temporada no muy exitosa en fútbol americano; era reserva por primera vez en mi vida y no me gustó. De hecho, no lo entendía porque creía que era mucho mejor que el chico que jugaba de titular y lo dejaba claro ante todo el mundo. No estaba feliz, y probablemente me comportaba como un malcriado. Hasta el día de hoy creo que los entrenadores se equivocaron. Pero aquella mala experiencia no me detuvo mucho, estaba aún más decidido. En aquel entonces mi lema era: yo tengo razón y el resto del mundo está mal.

Aunque finalmente tuve una buena temporada de béisbol en la primavera, lo que salvó el año para mí fue el torneo de lucha de la escuela. Después de la temporada de fútbol, los profesores de gimnasia dividieron a todos los chicos en dos grupos, según su peso. Aunque era alto, probablemente porque no era muy consciente de mi propio tamaño, sorprendentemente caí en la división de los más pequeños. Tenía que luchar en 5 partidos, y gané cada uno de ellos y me convertí en el campeón de la escuela… claro, de la división de los más pequeños. Hasta ese momento en mi vida, era mi logro más importante. Casi todos los otros chicos sabían que había ganado y recibí muchas felicitaciones, estoy seguro que sorprendí especialmente a todos los otros jugadores de fútbol. Desafortunadamente, la mayoría de las chicas ni siquiera sabía que había habido un torneo. Bueno, nada que hubiera hecho en ese entonces hubiera atraído a una chica, así que no me perdí de nada.

Pocos días después de mi victoria, me encontré con el entrenador del equipo de fútbol en el pasillo, un hombre que nunca me impresionó por su inteligencia.

—Felicidades por tu victoria Roy, gran esfuerzo —me dijo, mientras me daba cuenta de que lo odiaba intensamente, y luego añadió—. Ojalá hubieras mostrado tanta energía en el campo de fútbol.

Estoy seguro de que de inmediato enrojecí de ira; estaba claro que él se había equivocado en no haber reconocido mis habilidades, y con su comentario, erróneamente, me echaba la culpa. En los años posteriores he pensado en docenas de respuestas; todas lo hubieran acusado de no reconocer mis habilidades y de que él debería estar avergonzado. Pero tenía 14 años, y sólo me encogí de hombros y me fui sin decir nada.

A pesar del comentario grosero de mi exentrenador, esa victoria me dio mucha confianza en los deportes y en mi posición como atleta; confirmó todo mi autoconcepto. Aunque no lo dijera, me sentía más responsable, sentía la responsabilidad de un líder. Era "conocido" generalmente como jugador de béisbol, nuestro principal "pasatiempo" nacional en aquel entonces, y muchos de mis compañeros me preguntaban si iba a seguir jugándolo.

—Claro que sí —respondía, lo iba a dominar. Todavía faltaban meses para la primera práctica, pero tenía que sentar las pautas.

Estaba luchando en mis estudios —como siempre en ese entonces, nunca logré buenas calificaciones hasta el décimo cuando empezaron a subir gradualmente—, pero no me importaba mucho. Un atleta no necesitaba saber calcular la hipotenusa de un triángulo. Ese año tenía una clase de ciencias físicas, y en esta clase mi compañero de laboratorio era Rick Grimes; desde el momento en que lo conocí, supe que nos íbamos a llevar bien. Rick era relajado y práctico, tenía un aire de seguridad en sí mismo, pero al mismo tiempo sabía cuál era su lugar y parecía haberlo aceptado, como si lo entendiera bien. Siempre sabía lo que estaba pasando alrededor y, cuando había un poco de confusión o surgía un problema, podía ir al grano y resumir el problema con un sutil y tranquilo sentido del humor. Como yo, no era de los populares; tenía pelo negro y mal cortado (como casi todos los chicos), era tan alto como yo, pero de talla más grande. Posiblemente, podía haber sido un buen atleta, pero nunca se unió a ningún equipo; simplemente no jugaba deportes, tenía otros intereses, especialmente los coches, algo que compartía con él. Podría haber sido un buen amigo, pero nunca hicimos nada juntos fuera de clase, sólo recuerdo que siempre estaba feliz de ver a Rick y de hacer nuestros experimentos juntos.

Aunque tenía una seguridad en sí mismo superior a la mía, me daba la impresión de que rendía en los estudios tanto como yo; él esperaba ser mecánico, plomero, electricista o algo así. A pesar de que teníamos más o menos las mismas calificaciones, yo ya sabía que iba a ir a la universidad y que iba a ser un "profesional" o un "ejecutivo de negocios"; cómo sabía eso cuando mis notas indicaban que iba a cavar zanjas toda la vida, no se puede explicar hasta la fecha.

La primera semana de clase, el profesor nos dijo que Rick y yo íbamos a estar juntos todo el año y que íbamos a recibir la misma nota, y sentí la presión inmediatamente. No me molestaba mucho recibir una nota baja solo, pero tener la responsabilidad por la suya también me estresó. No sé por qué, pero sabía que la responsabilidad de salir bien caería sobre mis hombros, que yo tenía que tomar la iniciativa. También, Rick y yo podríamos haber tenido la relación que yo tenía con todos los otros chicos, una basada en bromas, chismes y tonterías, pero nunca fue así.

Es un misterio, pero a diferencia de mis otras clases, tomábamos en serio nuestros experimentos e informes; trabajaba dura y cuidadosamente en esa clase. Rick me seguía y me ayudaba mucho, éramos socios en acción y en actitud. Era la clase perfecta para nosotros, hacer experimentos era similar a arreglar coches o a ajustar una bicicleta, cosas que los chicos hacían. Recuerdo que casi todos nuestros experimentos tenían éxito, algo que nunca me volvería a pasar en el futuro, incluso en la universidad. Por supuesto, yo tenía que pasar algunos fines de semana preparando nuestros informes solo, pero no me molestaba, siempre quería hacer algo de lo que pudiéramos estar orgullosos. No sabría decir por qué la responsabilidad de escribir los informes era mía, simplemente es lo que pasó; Rick siempre estaba dispuesto a hacer lo que fuera necesario.

Al final del año, los profesores ponían las calificaciones en las paredes de los pasillos. Yo estaba al otro lado de la escuela cuando un chico me dijo que se habían publicado las de ciencias y me apresuré a ir a verlas. Mientras daba la vuelta a la esquina y entraba al pasillo de ciencias, vi que Rick ya estaba allí, que ya había visto su nota y se había puesto a celebrar.

—¡Roy, Roy, logré una 'A'! ¡Logré una 'A'! —gritaba y creo que quería abrazarme, pero en lugar de eso me dio un puñetazo en el pecho; bueno, teníamos 14 años—. Busca tu nota Roy, si no sacas una "A" también, vamos juntos a la oficina para protestar —me dijo con dificultad para respirar.

Afortunadamente recibí una "A" y no tuvimos que ir a la oficina. Rick me dijo que era la primera "A" que había sacado; probablemente no era la primera para mí, pero con toda certeza no pasaba mucho; obviamente yo estaba tan feliz por su "A" como por la mía. Aunque reconoció que gran parte del mérito era mío, yo sabía que nuestro éxito tenía que ver tanto con él como conmigo.

Fue una buena experiencia, pero no recuerdo a Rick por lo que logramos en la clase de ciencias. No, tengo otro recuerdo que me importa más. Un día, durante la primavera —la temporada de béisbol, un tiempo muy importante para mí—, Rick se presentó a clase enojado; tan enojado que apenas podía hablar. No recuerdo mucho de aquella clase, nunca le pregunté a Rick por qué estaba tan enojado, porque no quería molestarlo. Más tarde hablé con otro chico (Jimmy Riley, un irlandés pelirrojo que posiblemente era el chico más flaco de todos los tiempos, tanto que hacía que yo luciera como Arnold Schwarzenegger) que me dijo que Rick y otro estudiante, Jeff Blagus, habían tenido una discusión y que iban a pelear después de clase.

Una pelea entre dos chicos en una escuela así era un evento grande. Cuando dos chicos se ponían de acuerdo para pelear, inmediatamente corría la voz de la pelea entre todos los estudiantes. Cada vez que pasaba, después de la última clase, una cantidad enorme de estudiantes (los que no tenían que alcanzar un autobús) iban directamente al lugar de la pelea. Cada escuela tenía su propio lugar: al lado del arroyo, detrás del departamento de servicio o en el parque. Todo el mundo lo sabía. Los estudiantes iban al lugar casi al mismo tiempo, nadie quería perderse ni un instante, porque sabían que no iba a durar mucho. Los combatientes llegaban rodeados por sus seguidores; luego, la audiencia los rodeaba y después de algunos momentos, pasaba una de tres cosas: 1. Los combatientes peleaban hasta que algunos chicos (normalmente los amigos del perdedor) decidían que alguien ganaba y los separaban; 2. Uno de los combatientes decidía que sería mejor no pelear y daba una excusa débil para no hacerlo (¡Estoy llevando ropa nueva y mis padres me matarían!); 3. Como en la mayoría de las veces, un profesor se presentaba para evitar la pelea.

Cuando me enteré de que Rick iba a pelear contra Blagus, mi corazón empezó a latir rápida y profundamente. Blagus era probablemente el mayor cabrón entre todos los chicos de la escuela. Era atleta, como yo, había jugado con él los 3 años anteriores en el equipo de fútbol y béisbol. Era el *halfback* estrella en fútbol y el *short stop* en béisbol, dos posiciones supuestamente propias del mejor atleta de la escuela. Yo había sido el tercer bateador y él, el segundo, por tres años en la secundaria y en noveno también. Tenía reputación de ser un buen atleta y un chico duro, pero yo nunca lo creí. Quizá podía correr rápido, pero cuando lo tacleaba en las prácticas se caía como una pluma. Se comportaba como si fuera el mejor atleta en el mundo, no respetaba a nadie y yo lo odiaba. En mi opinión era un falso, se hacía el rudo, pero no lo era.

Al mismo tiempo, tenía miedo por Rick. Iba a pelear contra una persona que tenía mucha experiencia en los deportes, y yo siempre había creído que algo así haría una diferencia grande; tenía que encontrar a Rick y salvarlo convenciéndolo de que no peleara. Encontré a Rick en el pasillo justo antes de la última clase del día, y reconocí inmediatamente que su determinación no había disminuido, no me miró y tuve que agarrar su manga para llamar su atención.

—Rick, ¿de verdad vas a pelear contra Blagus hoy? —le pregunté con desesperación.

Rick me respondió abrupta y duramente:

—No —y luego me miró de manera intensa por un momento en silencio.

Me sentí confundido, e iba a hacer otra pregunta cuando Rick agregó:

—Lo voy a matar.

Y de golpe entró a su clase sin otra palabra y sin darme una oportunidad de decir más; pero en realidad no había otra cosa que decir. Mi actitud cambió inmediatamente; antes de ese comentario no tenía ninguna confianza en Rick, pero después tenía toda la confianza del mundo en él. Ya no tenía que convencerlo de que no peleara, quería apoyarlo, quería acompañarlo a la escena como miembro de su séquito.

Conté cada minuto de esa última clase del día y, justo después de que sonara la campana, fui directa y rápidamente a encontrar a Rick. Ya estaba en camino y me coloqué a su lado. Caminamos con propósito y en silencio al lugar predeterminado: al lado del arroyo, detrás de los campos de fútbol. Rick estaba listo y no quería jugar ni bromear, el ambiente era extremadamente serio. Aunque quizá otros 20 o 30 estudiantes estaban yendo en la misma dirección, sólo éramos 3 en el equipo de Rick. Yo estaba feliz de mi posición a su lado. Llegamos primero y pudimos ver a Blagus acercándose, estaba rodeado por casi todo el equipo de béisbol, mi equipo. Me preguntaba un poco qué pensaban de mí, pero igual estaba orgulloso de estar al lado de Rick.

Blagus llegó y tomó su posición a 3 metros enfrente de Rick; parecía mucho más pequeño de lo que se veía normalmente.

—¿Listo? —exigió Rick con voz firme y fuerte. Blagus echó una mirada nerviosa a sus compañeros, parecía sorprendido de que la pelea fuera a empezar sin preámbulos y, dócilmente, respondió:

—Sí.

De hecho, parecía que estaba en el último lugar en el que quería estar, Rick ya tenía la ventaja.

—¡Entonces hagámoslo! —exclamó Rick quien casi al mismo tiempo arremetió directamente contra Blagus.

Blagus cayó hacia atrás con todo el peso de Rick sobre él. El círculo de chicos se hizo más pequeño alrededor de los combatientes, como si fuera una pelea de gallos. Había electricidad en el aire, pero casi no podía ver nada y tuve que empujar a los otros chicos y abrirme paso para llegar adelante. Todos los chicos estaban gritando y animando a los dos, Rick estaba sobre Blagus aporreándolo con sus puños, uno después del otro. Me congelé. No sabía qué hacer; originalmente había creído que tendría que salvar a Rick, pero este sentimiento cambió de repente a miedo por la vida de Blagus.

En cuestión de segundos un chico gritó:

—¡Viene el Sr. Wilson!

Una vez que escucharon esas palabras, seis chicos se tiraron sobre los combatientes y los separaron. Fui al lado de Rick y lo dirigí hacia un estacionamiento para que ningún profesor pudiera encontrarlo. Yo estaba eufórico, estaba listo para celebrar esa victoria (como celebraríamos juntos nuestras calificaciones en solo algunas semanas), pero Rick no estaba de humor para celebrar.

—Felicitaciones, Rick — le gritó entusiasmado un chico, completamente inadvertido de su humor.

—Recibió lo que merecía —nos dijo Rick con voz seria y con un chorrito de sangre fluyendo de su nariz.

Realmente no podía hablar y lo sentí. Nos quedamos parados juntos un rato, y luego Rick se fue caminando a su casa, solo. No quería celebrar, se comportaba como un chico que sólo había hecho su trabajo, lo que se esperaba de él y nada más.

Sentí un gran silencio mientras miraba a Rick caminando. Había tanta emoción, confusión y ruido durante los momentos anteriores que lo acepté como normal. Todos los chicos ya se habían dispersado y, en ese momento, todo estaba tranquilo. Caminando a mi casa me sentí bien, como si se hubiera hecho justicia. Nunca pensé, ni por un momento, que pelear fuera malo; en mi mente era normal, las cosas eran así.

El verano siguiente me mudé con mi familia a Chicago. Nunca vi a Rick otra vez después del día en que celebramos nuestras notas juntos. Entré a un nuevo mundo que tenía sus propios retos, éxitos y fracasos. Nunca volví a jugar fútbol americano, tampoco, llegamos a Chicago después de que las sesiones de práctica ya hubieran empezado y perdí el interés muy rápido. Pasé los tres años de la prepa jugando béisbol, más o menos exitosamente, pero poco a poco perdí el interés en ese deporte también cuando descubrí otro más emocionante. Pero Rick todavía está en mi memoria. Muchas veces, cuando enfrento un obstáculo, pienso en lo que Rick haría. Rick conocía su lugar en el mundo y lo aceptó gentil y orgullosamente, pero cuando había una injusticia, tenía todo el coraje del mundo. Y yo, 50 años más tarde, todavía estaría orgulloso de estar a su lado.

Jean Claude Killy

En 1968 tenía trece años y mi familia y yo miramos juntos los juegos olímpicos de invierno. Los juegos olímpicos siempre eran un evento importante y todo el mundo los miraba. Ese año, el más destacado de los deportistas fue Jean Claude Killy, un esquiador francés. Jean Claude era guapo, carismático y rápido, ganó tres medallas de oro y todo el mundo estaba fascinado con él. Era muy famoso, aún en los Estados Unidos; Jean Claude tenía todo, las medallas, la fama, el dinero, las chicas y un acento formidable.

En aquellos días nunca pensé en esquiar. El esquí era algo para otros, aún no sabía si había centros de esquí cerca de nosotros. Luego, un día llegué a casa de la escuela y mi padre anunció que iba a comprar equipos de esquí para él, mis hermanos y yo. ¿Qué? Nunca había querido esquiar, pero bueno, estaba dispuesto a probarlo. Ese día, fuimos a Sears (un gran almacén muy popular en aquellos días) para comprar botas, bastones, esquís, guantes y todo lo necesario para esquiar; estaba muy emocionado y nos divertimos mucho en la tienda.

Cuando llegamos a casa, fuimos al sótano para aprender a ponernos nuestro equipo. En ese momento, me di cuenta de que mi padre había esquiado antes cuando estaba en el ejército. Para nosotros, era un experto, nos enseñó a ponernos las botas, nuestros esquíes y otras cosas. Cuando terminamos, mi papá anunció:

—Bueno, ya están listos.

Llegó la noche para ir al centro de esquí y una vez allí, mi padre nos dijo todo lo que teníamos que hacer. Compramos nuestros boletos y nos indicó dónde nos podíamos reunir si nos perdíamos. Fuimos afuera, nos ayudó a ponernos nuestros esquíes y lo seguimos a la montaña. Luego, señaló una colina y nos dijo:

—Esa colina es para ustedes, es para principiantes, vayan allá y esquíen.

Hasta ese momento creía que íbamos a esquiar juntos, pero con ese comentario me percaté de que mi papá planeó esquiar solo entre las colinas más difíciles. Tal vez nos explicó cómo usar la soga de remolque, pero no lo recuerdo. Bueno, mis hermanos y yo fuimos a la pequeña colina sin dudarlo; claro, habíamos tenido una lección en nuestro sótano, debíamos estar listos.

En seguida tuvimos problemas con la soga de remolque, un hombre que trabajaba allí le gritó a mi hermano por algo tonto y recuerdo que tuve que ayudarlo muchas veces. Después de algunos intentos, decidimos que era mejor si nos quitábamos los esquís en la base de la colina, luego corríamos a la cima llevándolos y después bajábamos esquiando. A veces, tenía que llevar los esquís de mis hermanos y ayudarlos a ponérselos, pero nos divertimos mucho esa noche.

Recientemente, mis hermanos y yo hablamos sobre esa noche, ellos la recuerdan mejor que yo. Descubrí que estaban enojados con mi padre porque nos abandonó, pero yo sólo recuerdo que nos divertimos mucho; claro, nadie me regañó.

Bueno, después de algunos viajes de esquí, nuestra habilidad mejoró rápidamente y pronto pudimos esquiar en las montañas más grandes con nuestro padre. Fuimos una o dos veces por semana ese invierno y la pasamos muy bien.

El siguiente verano, nos mudamos a Chicago. Mi padre obtuvo un trabajo importante como presidente de una empresa de computadoras y se volvió un hombre muy ocupado. Parecía que a todos se nos había olvidado esquiar, pero en el invierno siguiente, a veces yo iba detrás de nuestra casa para jugar con los esquís. Había una pequeña zona de bosque detrás de la casa que era un lugar perfecto para hacer senderos, fuertes de árboles y otras cosas que a un chico le gusta hacer. Un día, me quedé solo y decidí practicar esquí. Amontoné la nieve para hacer una montañita, la iba a usar como un salto; hice un camino enfrente de la montañita, donde podía aumentar mi velocidad y luego saltarla. La montanita era pequeña, menos de tres pies de altura y mi reto era ver hasta dónde podía saltar. Claro que no había un lugar empinado así que no podía esquiar rápidamente, pero cada vez trataba de romper mi propio récord.

Una vez, salté con mucho esfuerzo y me incliné demasiado, así que aterricé boca abajo. El aterrizaje fue bastante abrupto, por decir lo menos. Me quedé allí un rato para ver si me había hecho daño, parecía que todo estaba bien y decidí levantarme.

Tenía los brazos levantados y cuando los bajé, me di cuenta que no podía mover uno de mis brazos porque mi bastón de esquí estaba atrapado, se quedó atorado en algo. Me di la vuelta para buscar la causa y vi que el bastón había entrado en mi pierna, por mis pantalones, muy cerca de un lugar muy precioso para mí en el futuro. No me dolió hasta que traté de quitarlo, pero no pude hacerlo, la punta del bastón estaba congelada en la parte superior de mi pierna. Entonces, regresé a casa con un bastón dentro de mi pierna.

Finalmente, después de entrar a la casa pude quitar el bastón. Todavía no me dolía y no estaba sangrando tampoco, sólo tenía una herida pequeña, un hueco o rendija en mi piel. Pensé, "bueno, no hay problema", así que me senté a mirar la televisión. Más tarde, mis padres llegaron a casa. Les dije que un bastón me pegó en la pierna y mi madre me dijo que quería verlo, se lo permití, pero también insistí en que no era un problema. Cuando finalmente cedí a su voluntad inamovible, empecé a quitarme los pantalones y me di cuenta de que estaba sangrando mucho, una gran parte de mis pantalones estaba empapada en sangre. Mi madre, con horror, me dijo que tenía que ir al hospital. No necesito aclararte que no quería ir, pero de todos modos nos fuimos inmediatamente.

Lo que pasó es que, al principio, el bastón estaba tan frío que impidió que me lastimara y sangrara. Después de más o menos una hora, se calentó un poco por el calor de mi cuerpo y comencé a sangrar. En el hospital, tuve que decir a los doctores y enfermeras que estaba esquiando en mi jardín cuando caí y me accidenté. Ya estaba un poco avergonzado, pero para empeorar las cosas una de las enfermeras empezó a llamarme Jean Claude Killy. Después de un rato, todo el mundo en el hospital estaba llamándome Jean Claude Killy, incluso los doctores. A pesar de que se burlaban de mí, tuve que reír también, no había muchas otras personas que se hubieran lastimado esquiando en el jardín detrás de su casa. Me dijeron que el bastón se metió más de tres pulgadas dentro de mi pierna, más profundo de lo que pensé. Bueno, me cosieron y yo quedé como nuevo.

Esquié algunas veces más en mi vida después de este accidente, sólo algunas veces con mi esposa y otras veces con mi hijo menor. Aun así, mi accidente todavía es famoso en mi familia. Si el tema del esquí sale, no importa la manera, alguien siempre me llama Jean Claude Killy. Bueno, es un título que llevo con honor.

Necesito cigarrillos

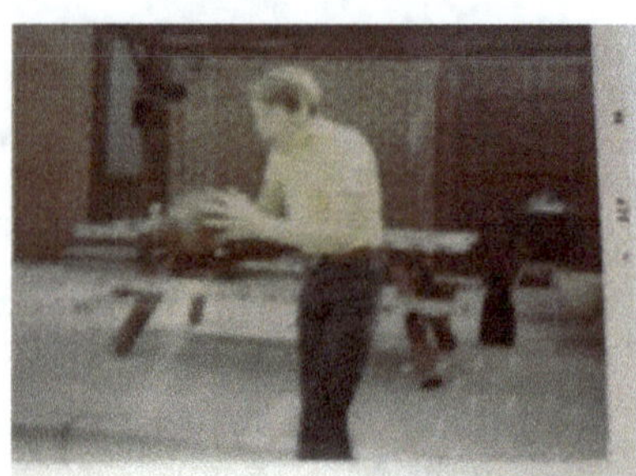

—Necesito cigarrillos —me anunció mi papá una vez, de la nada, mientras yo miraba la televisión.

Me estaba hablando directamente y dejó claro que esperaba una respuesta, lo miré preguntándome cómo responder.

—Ve a comprármelos —siguió, y no estaba sonriendo. Normalmente le habría obedecido sin vacilar, pero esta orden me sonó loca desde varias perspectivas, vivíamos a millas de la tienda más cercana en ese entonces.

—¿Cómo? —le pregunté articulando bien.

—Toma el coche y maneja a la tienda.

—¡Papá, no sé manejar un coche! —exclamé.

Lo que había sido un día relajante se volvió rápidamente un estrés. Lo miré esperando una explicación, pero sólo sacudió la cabeza con desaprobación y, ya sin hablarme, giró y se fue murmurando:

—Todavía no sabe cómo manejar un coche.

Así eran muchas pláticas con mi padre: me agarraban desprevenido, había un tono de desaprobación que, a mi parecer, no merecía y terminaban abruptamente y sin explicación.

Acabábamos de mudarnos a Chicago en junio de 1970 y yo estaba pasando el verano sin hacer nada en particular, como cualquier chico de 14 años. Pero poco después de esa conversación, mi papá me sorprendió otra vez. Asomó la cabeza en mi cuarto, donde no estaba haciendo nada importante, y me dijo que fuera con él. Me levanté inmediatamente y lo seguí, no hacíamos muchas cosas juntos y no iba a perder esta oportunidad. Nos subimos a su coche, un Mercury Montclair Marauder rojo con una tapa de vinilo negro de 1965.

—¿A dónde vamos? —le pregunté sin esperar una respuesta directa.

—Es hora de que aprendas a conducir —respondió.

Tenía una manera de hablar sin mirarme, casi como si no estuviera directamente a su lado. Me emocioné rápidamente sólo de pensarlo, pero dije:

—¡Sólo tengo 14 años, soy demasiado joven!

Lo que quería decir es que era ilegal, tenías que tener 16 para manejar un coche o al menos 15 para practicar. Pero solo respondió:

—Si no puedes hacerlo ahora, no vas a poder hacerlo nunca.

Aparentemente, ya había tomado su decisión, y me quedó claro que aceptarla era el camino más fácil. Fin del debate. ¿Quién era yo para ser la persona que se preocupara por la ley? Empecé a ver el beneficio de la situación, e iba a aprovecharla.

Me llevó a la prepa a la que asistiría unas semanas después. El edificio se veía imponente, nunca había asistido a una escuela tan grande y con aspecto tan importante. Paramos en el estacionamiento, que era grande y estaba vacío ese día; apagó el motor, dejó las llaves en el encendido y se bajó del coche. Leí la situación y salté al asiento del conductor. Listo. Esperaba que mi papá se subiera al coche y se sentara en el asiento del pasajero, pero en lugar de eso, se quedó al lado de la ventana del conductor y, mientras hurgaba sus cigarrillos y encendedor en los bolsillos de sus pantalones color caqui, me preguntó:

—Sabes cómo manejar, ¿no?

Todavía no consciente de lo que iba a pasar, respondí (bueno, mentí):

—Sí.

Hoy me fascinan esas conversaciones que tenía con mi papá porque, claro, él sabía que yo no podía, y si yo hubiera podido hacerlo, ¿por qué demonios me estaría enseñando?

Luego, me dio mis instrucciones:

—Maneja en círculos alrededor del estacionamiento, cada segunda vuelta estaciona en ese espacio —señaló a un espacio cercano—, y cada cinco vueltas da una vuelta para hacer círculos en la otra dirección y frena antes de cada giro, ¿OK?

Me miró como si tuviera prisa por hacer otra cosa y respondí:

—Sí.

Me dio la orden:

—OK, adelante.

Dicho esto, se volteó y se alejó del coche.

En ese momento yo podría haber hecho cualquier cosa; podría haber llorado, podría haber insistido en que me acompañara o podría haber rechazado completamente la idea de que iba a manejar por primera vez sin otra persona en el coche. Pero, cosas racionales como estas, raras veces entraban a mi mente. Generalmente, me daba cuenta de que aceptar mi destino sin lucha siempre era mejor. Entonces, agarré la palanca e intenté ponerlo en marcha. Estaba luchando por hacerlo porque el auto no estaba cooperando cuando mi papá me gritó, sin voltearse ni mirarme:

—¡Arranca el motor primero!

OK, jaja, me equivoqué.

Encendí el motor exitosamente, no fue nada. Transpirando profusamente, empecé a manejar. Arranqué muy lentamente y probé los frenos para confirmar que podía parar. Di varias vueltas, paré en cada esquina y estacioné el coche más o menos en el espacio que mi papá había señalado. Mi confianza aumentaba y me sentía orgulloso de mis habilidades. Estaba determinado a seguir las instrucciones, pero rápidamente perdí la cuenta de las vueltas que estaba haciendo y eché una mirada a mi papá para ver si estaba contándolas. ¡Ni siquiera me estaba mirando! Estaba fumando mirando hacia afuera, a la distancia. Todavía recuerdo la sensación de asombro que sentí en ese momento; sentí como si me abandonara. Pero tenía que seguir manejando, aparentemente sin la atención de mi papá, hasta que me sintiera cómodo. Luego de unos minutos, frené el coche tan cerca de mi papá como pude. Se acercó a mí y me dijo que hiciera una vuelta alrededor del edificio de la prepa.

—Pero papá, tengo que manejar en la calle para hacer eso —objeté.

—Sí, adelante, ¿vas a manejar en un estacionamiento toda la vida? —fue su respuesta.

"¿Toda la vida?" pensé, "¿qué tal más de 20 minutos?". Era obvio que no creía que eso fuera un problema, entonces fui a manejar a la calle. Con mi corazón golpeando fuera del pecho, manejé alrededor del edificio, probablemente a una velocidad no mayor a 5 millas por hora, y frené en el mismo lugar en el que empecé. Mi papá me preguntó:

—¿Todo bien?

Y le dije que sí y, de hecho, no le mentí; mi confianza estaba aumentando. Luego, subió al coche en el asiento del pasajero y me dijo que lo llevara a casa.

—Pero papá, no tengo licencia —estallé en protesta.

—Si la policía nos detiene, explicaré todo —me dijo con un tono conciliatorio por primera vez esa tarde. Entonces, manejé el coche a casa sin problemas; bueno, si no cuenta como un problema mi papá diciéndome "¡Más rápido!" constantemente. Llegamos a casa y frené enfrente de la puerta del garaje. Mi papá bajó del coche, abrió la puerta (en ese entonces poca gente tenía puertas automáticas) y entró en la casa sin mirar hacia atrás; aparentemente, ya había terminado su compromiso. Me quedé solo, mirando el espacio diminuto, entre la pared del garaje y el precioso Cadillac de mi mamá, en el que tenía que meter uno de los coches más grandes jamás fabricados. Muy cuidadosa y lentamente solté el freno, dejando que el coche entrara al espacio. Dos veces bajé del coche para asegurarme de que no fuera a golpear nada y, al menos una vez, tuve que retroceder y reposicionar el coche para lograr un mejor ángulo; pero finalmente tuve éxito. Entré a la casa, encontré a mi papá y le tiré las llaves. Las metió en su bolsillo y no dijo nada; ya estaba mirando la tele.

Así, con más o menos 30 minutos de práctica, aprendí a conducir.

Poco después, quizá sólo una semana más tarde, mi papá compró un nuevo coche, un Oldsmobile Cutlass Supreme de 1970 azul cielo. Siempre era emocionante comprar un nuevo coche y esta vez no fue la excepción. Fui al concesionario con él y recuerdo que, una vez elegido el coche que iba a comprar, exigió, no muy sutilmente, un descuento. El vendedor le dijo que no estaban ofreciendo descuentos porque los Cutlass Supreme eran muy populares. Mi papá respondió

inmediatamente que nos íbamos y nos pusimos en marcha sin vacilación hacia nuestro coche, el Mercury. Recuerdo claramente la mirada de desesperación que tenía el vendedor que nos gritó a las espaldas:

—¡Un momento por favor, voy a ver lo que podemos hacer!

Mi papá obtuvo su descuento.

Normalmente hubiera cambiado su coche anterior por el nuevo, pero esta vez estacionó el Mercury en el espacio en nuestra entrada. Yo lo miraba con envidia. Poco después, quizá al día siguiente, mi papá me pidió que le consiguiera cigarrillos. Salté del sofá, fui al 7/11, compré sus *Marlboro* y regresé. Fue la primera vez que manejé sólo, y me encantó (aparentemente, en 1970 tampoco era un problema que un chico de 14 pudiera comprar cigarrillos).

No sé específicamente cómo pasó, pero probablemente más rápido de lo que recuerdo, empecé a sentir como si el Mercury fuera mío. Llevaba a mis hermanos al cine o por helado, iba a la tienda de deportes y al K-Mart para comprar modelos de coches y cohetes, y pasaba a buscar cosas felizmente para mi mamá (¿qué pensaba ella de todo esto? no me acuerdo, pero seguramente le gustaba que hiciera cosas por ella).

Tenía 14 años, podía manejar y tenía mi propio coche. Qué *cool* era yo.

Durante esta misma época, mi papá y yo estábamos andando en el coche —manejaba él, creo que nunca volví a manejar el coche con él como pasajero—, y pasamos por un almacén grande. *"Stanley Works Warehouse"*, decía un gran letrero de color negro y amarillo, y abajo otro letrero más pequeño decía "Se busca empleado". Había tenido un trabajo en una joyería en Michigan, algo de lo que estaba muy orgulloso y era muy consciente de que durante ese verano no estaba haciendo nada valioso.

—¿Cuántos años crees que necesitas tener para trabajar allí, papá? —le pregunté.

—Tienes la edad suficiente —me dijo—, y debes estar quedándote sin gasolina, así que debes conseguir un trabajo.

—Pero papá, ¿Van a emplear a un chico de 14 años? —objeté.

—Nunca lo sabes hasta que lo intentas —me dijo con un poco de irritación en su voz y un sentido de terminación que era su especialidad. Yo siempre sabía cuándo dejar de hacerle preguntas.

Durante los días siguientes, no podía dejar de pensar en trabajar en el almacén que vimos ese día. Teníamos herramientas de Stanley y parecían de buena calidad, entonces, debía ser una buena empresa. Un día, sin hablar con mis padres, reuní todo el coraje que pude y manejé el Mercury hasta el almacén. Estacioné (ya era experto) y entré al edificio temblando de miedo. ¿Qué estaba haciendo? ¿Quién era yo? Le dije a la primera persona que vi que quería solicitar un trabajo; me sonrió (hoy en día tengo una interpretación diferente de las sonrisas que recibí ese día, ya que en ese entonces simplemente creía que todo el mundo era muy amable) y pidió que esperara.

Después de lo que me pareció una eternidad, un hombre se acercó a mí y, en una voz potente que se podía escuchar a millas, me dijo, mientras extendía la mano:

—Entonces, quieres trabajar aquí.

Me levanté inmediatamente y le estreché la mano, su apretón se sintió grande y fuerte.

—Dale, ven conmigo —agregó.

Lo seguí obedientemente y, mientras caminábamos a su oficina, me preguntó si sabía qué se hacía en un almacén. Oh no, ¡no tenía ni idea!

—Bueno, no lo sé con precisión, pero tenemos sus herramientas y las uso todo el tiempo y creo que son de muy buena calidad —respondí. Creía que un halago le haría olvidar la pregunta y luego agregué torpemente—. Y aprendo muy rápido.

El hombre sonrió ampliamente, aparentemente mi táctica funcionó. Entramos a su oficina, nos sentamos y empezó a hacerme preguntas. Una de las primeras fue:

—¿Cuántos años tienes?

Simplemente no pude decir que tenía 14, sin duda me hubiera descartado, entonces le dije que tenía 16. El jefe del almacén nuevamente me miró con una amplia sonrisa, lo que a mí en ese momento me dio la impresión de que estaba feliz porque tenía 16. Luego, me preguntó rápidamente:

—¿En qué año naciste?

Guau, que buena estrategia, pero no pudo atraparme. Rápidamente resté dos de 1955 y le dije confiado:

—1953.

Parecía impresionado. Seguimos teniendo una buena plática, hasta que el hombre me dijo:

—Supongo que podemos darte una oportunidad, ¿Cuándo puedes empezar?

Casi salté de la silla.

—¡Ahora, mañana, cuando quiera! —respondí con entusiasmo.

Después, me explicó todo lo que necesitaba y determinamos el día en que iba a empezar. Nos despedimos y casi estaba volando mientras salía de su oficina cuando me detuvo con una pregunta importante:

—Roy, ¿no quieres saber cuánto te voy a pagar?

—Ups… sí, por favor —dije.

—Vamos a comenzar pagándote $4.85 por hora, como a todos los trabajadores —me dijo mi nuevo jefe.

Hasta ese momento había estado tratando de comportarme como un chico maduro de 16 años, pero cuando escuché este sueldo casi perdí el control, y seguramente sonreí como un chico de 14. Había ganado sólo $0.85 por hora en la joyería en Michigan; claro que sí estaba feliz con cuatro dólares más. Pero, por mucho que me gustó el sueldo, me gustaron más las palabras "como a todos los trabajadores". Este hombre me veía como un trabajador. Hasta el día de hoy, esas palabras resuenan en mi mente.

Ya era *cool* porque tenía un coche y ahora iba a ser rico también ¡Guau!

Estaba muy orgulloso de mi nuevo trabajo. Seguramente se lo dije a mis padres y abuelos, y a todo el mundo, pero no recuerdo nada de eso. Imagino que la celebración fue corta. En el trabajo hacía felizmente todas las tareas que los otros trabajadores no querían hacer. Llenaba pedidos torpes, vaciaba los camiones de entrega (la tarea más odiada del depósito) y limpiaba todo, me volví experto en barrer polvo. Almorzaba con los otros trabajadores, era mi primera experiencia con afroamericanos y nos llevábamos bien. Se burlaban de mí de vez en cuando, pero creo que gané su respeto gradualmente. También, se quejaban mucho de que nunca tomara mis descansos y que siempre trabajara 15 o 30 minutos después de las 5. Lo hacía porque siempre sentía que tenía que compensar, pero parecía que las burlas eran con buena onda. Trabajé allí todos los veranos, muchos fines de semana y los feriados durante los siguientes 5 años. El director del almacén, el que me había entrevistado, resultó ser un buen hombre y tal vez una figura paternal. Siempre me decía que me relajara y que trabajaba demasiado rápido. Escribió una súper buena recomendación para mi solicitud de ingreso de la universidad y por eso, todavía hoy, le agradezco mucho.

Algunas semanas después, entré en la prepa; una nueva experiencia para mí, porque había 3.000 estudiantes en esta escuela, y las anteriores no tenían más de 300 y, claro, seguía manejando mi Mercury Marauder Montclair. Cumplí 15 años sin incidentes, impresioné mucho a la persona en la escuela que "me enseñó" a manejar y obtuve mi licencia de aprendiz en pocos meses.

Seguí manejando ilegalmente sólo con mi licencia de aprendiz, la que tenía el requisito de tener un adulto acompañante, pero nunca pasó nada malo. Y no es que manejara cuidadosamente; una vez estaba manejando detrás de una mujer que estaba yendo lento (en mi opinión) y la pasé rápidamente, justo enfrente de la prepa. Para mi sorpresa, ella entró a la escuela a quejarse de mí (¡Hay un chico manejando como un maníaco!). Tuve que hablar con el director de la prepa y el policía de la escuela en reuniones separadas. Me hicieron ir a la casa de la mujer, quien resultó ser bastante agradable, y disculparme. Tuvimos una buena plática mientras tomábamos té y galletas. Durante todo eso ¡nadie llamó a mis padres y nadie quería saber si tenía una licencia válida! ¡Recuérdame agradecérselo a mi ángel de la guarda!

Pero me estoy apartando del tema. El tema de este relato es mi papá, quién me pedía de vez en cuando que hiciera tareas para él, y yo las hacía con mucho gusto. Un día, después de haber cumplido 16 años y de haber obtenido mi licencia permanente, me exigió 500 dólares por el Mercury. También me amenazaba mucho con cobrarme por el seguro, pero nunca lo hizo. Le pagué los quinientos dólares y estaba feliz: el Mercury, finalmente, era oficialmente mío. La primera cosa que hice fue instalar un reproductor de casetes de 8 pistas con bocinas muy grandes.

Bien, hemos llegado al punto de la historia, a la pregunta que probablemente te inquieta: ¿Tenía mi papá una estrategia sobre cómo enseñarme a manejar o cómo animarme a conseguir un trabajo? ¿Crees que él realmente sabía cuál era la mejor manera de dirigirme por la vida, de hacerme hombre? ¿Crees que en realidad me vigilaba mientras manejaba por primera vez el Mercury en ese estacionamiento o que sabía que era remotamente posible que yo pudiera conseguir un trabajo así a los 14 años de edad? Imagino que hay muchas personas que adoran a sus papás y creen que son muy sabios y cuidan bien a sus hijos, y que mi papá realmente era así también, que sabía bien las cosas que yo necesitaba, que tenía mis intereses en mente. Bueno, desafortunadamente, en este caso, no lo creo. Es una visión demasiado idealista.

Claro, mi papá me amaba. Incluso podría haber estado orgulloso de mí de vez en cuando. También tenía un plan; pero siento que sólo era una herramienta para ello, un medio para un fin. No era consciente de esto cuando era chico, pero realmente creo que quería que hiciera mandados para él y esa era su única motivación para enseñarme a manejar. Y, estando acostumbrado a su sentido del humor, creo firmemente que su comentario sobre el trabajo en el almacén sólo fue una broma, o al menos una manera de terminar una conversación en la cual había perdido interés. No tenía ni idea de que iba a ir allí para pedir un trabajo. Sí, mi papá tenía una estrategia, pero desafortunadamente sólo era para tener a una persona que pudiera conseguir cigarrillos para él cuando los necesitara.

Bueno, suena pesimista y decepcionante, lamento mucho no tener un mejor final para ti, quizás algo más feliz y esperanzado. Más todavía creo que era un buen papá y, lo más importante, todo salió bien. Ese año fue uno de los mejores años de mi vida. Todavía recuerdo manejar al almacén llevando una playera blanca, jeans acampanados, botas de trabajo con punteras de acero, mi codo descansando sobre la ventanilla abierta del coche más *cool* en el mundo, sintiendo el aire fresco agitando mi pelo largo y escuchando *"Radar Love"* de Golden Earring por la radio a todo volumen. No había nada mejor que eso.

Quizá en realidad es un final feliz. Afirmo con absoluta certeza que tuve suerte de tener un papá así. Para un chico muy optimista, muy ingenuo y que tenía confianza en sus habilidades, era el papá perfecto. Me desafiaba, me animaba, me convirtió en un hombre. Yo no lo habría querido de ninguna otra manera.

Biggs Porter

Mientras estudiaba en la Universidad, tenía un amigo que se llamaba Biggs Porter. En general, Biggs y yo éramos amigos, aunque éramos muy diferentes también. Él era muy sociable y no le gustaba practicar deportes, al contrario que a mí. Pero teníamos una cosa en común: nos encantaba el fútbol de mesa. Jugábamos casi todos los días, a veces por horas, y siempre uno contra el otro, nunca juntos. De hecho, éramos enemigos mortales en el futbolito. Siempre discutíamos sobre quién era mejor y quién iba a ganar. Discutíamos sobre todo, incluso sobre quién tenía la mejor manera de celebrar un gol y, aún peor, quién inventó la celebración. Era una rivalidad muy divertida. Sin embargo, necesito dejar claro para el registro eterno que yo era, definitivamente, el mejor jugador de futbolito.

Pero, también tengo que admitir que Biggs tenía mucho más éxito con las muchachas. Conocía a muchas y ellas siempre estaban alrededor de él. A mí me parecía que tenía una nueva novia cada mes. Siempre estaba interesado en el hecho de que yo no tenía la capacidad de conectar con ellas, y por eso sus bromas recurrentes eran: "¿Por qué Phelan no tiene una cita este fin de semana?" o "¿Phelan, viste a esa muchacha? Te estaba mirando". Jajaja, gracias Biggs. Nunca podía creer en Biggs, porque siempre se burlaba de mí. No había problema, Biggs y yo nos caíamos bien. Tenía que aceptar que era más popular que yo.

Recuerdo especialmente a una amiga de Biggs que era un poco diferente a las otras. Era muy bonita y amable, pero esa no era la razón. Era diferente porque me veía y me hablaba directamente. Yo creía que lo hacía solo porque tenía buenos modales. Se llamaba Brenda. Un día, no recuerdo por qué, le dije a Biggs que mis padres me habían dado una licuadora, por lo que Biggs me sugirió que tuviéramos una pequeña fiesta para aprovechar mi nueva adquisición antes del partido de fútbol americano de la universidad. Buena idea. Invitamos a unos amigos y Biggs invitó a unas muchachas. Yo estaba emocionado.

El día de la fiesta, yo estaba listo con todo lo necesario para una buena fiesta. Brenda fue la primera en llegar y hablamos un poco, pero nadie más llegó. Después de algunos minutos, fui a buscar a los otros, pero no pude encontrarlos. Brenda y yo tuvimos una buena plática, pero yo estaba incómodo porque nadie más había venido. Cuando llegó el momento de ir al partido, nos fuimos. ¿Qué pasó con los otros? No lo sabía en ese momento, y me daba un poco de pena por Brenda, porque sus amigas no estaban con nosotros. Cuando llegamos al estadio, encontramos a sus amigas, así que podría sentarse con ellas.

Más tarde, le pregunté a Biggs:

—¿Por qué no viniste a nuestra fiesta?

Al principio no me respondió, fue evasivo. Pero días más tarde, me dijo que cuando invitó a Brenda, ella le pidió estar a solas conmigo. Me dijo que ella estaba interesada en mí y que la única razón para tener la fiesta era para que estuviéramos juntos Brenda y yo. ¡¿Qué?! Yo nunca hubiera imaginado que una muchacha tan bonita y amable hubiera estado tan interesada en mí. ¡Qué catástrofe! Claro, eché a perder todo porque no me senté con ella durante el partido de fútbol. Nunca dudé de que ella preferiría sentarse con sus amigas.

Bueno, otra oportunidad perdida. Biggs creía que todo esto era muy divertido, porque tenía otra razón para burlarse de mí. Pero entendí que, de hecho, intentó ayudarme con una muchacha. Claro, necesitaba mucha ayuda.

Después de graduarnos, Biggs y yo no volvimos a comunicarnos, cada uno tomó su camino. Más de diez años más tarde, en 1988, por mi trabajo visité la empresa Raytheon en Boston. Cuando caminaba por un pasillo, vi un letrero en la pared que decía: "Biggs Porter, director Financiero". No había nadie en la oficina, así que pregunté a su asistente si este era el Biggs Porter que fue a Duke. Ella me dijo:

—Sí, pero Biggs está de viaje hoy.

No pude ver a mi amigo, así que le escribí una nota y sólo puse: "Biggs, nunca fuiste bueno en el futbolito". Bueno, tal vez escribí algo un poco más grosero que prefiero no repetir aquí (*Biggs: You suck at foosball*). No mencioné mi nombre porque en ese momento creía que volvería a Raytheon pronto y quería que Biggs se preguntara sobre quien escribió la nota. Mas nunca regresé ni pude ver a Biggs.

Veinticinco años después, en 2003, algunos amigos de la universidad planeaban un reencuentro y vi que Biggs estaba en la lista de los invitados. Pensé en mandarle un correo electrónico para saludarlo, creía que debía ser educado, porque es un importante hombre de negocios, tal vez sea muy serio ahora. Luego pensé un poco más y cambié mi idea. En mi correo electrónico le dije: "Biggs, debes practicar tus habilidades en fútbol de mesa porque de lo contrario voy a destrozarte". Estaba un poco nervioso pero emocionado también, su respuesta fue rápida: "¿Qué? Phelan (sí, siempre mi apellido), nunca vas a ganarme. No necesito practicar, todavía puedo ganarte con una sola mano. Además, sé que eras tú quien dejó aquella nota hace años. Nadie más escribiría tal nota".

Nada pudo haberme hecho más feliz. Es bueno saber que nada cambia con el tiempo, especialmente una amistad entre rivales.

Mi Único Barco

Érase una vez en mi juventud, en el estado de Michigan, leí el libro Huckleberry Finn, de Mark Twain, un autor estadounidense bien conocido del siglo XIX. Lo disfruté mucho. En el libro, el personaje principal dio un paseo en balsa por el río Mississippi, y un viaje así me pareció muy interesante. Algunos años después de leerlo, en 1969, cuando tenía 14 años, mi familia y yo nos mudamos a Chicago. De alguna manera, me di cuenta de que se podía llegar al río Mississippi desde Chicago por otros ríos, y que

la distancia sólo era de doscientas millas. Eso no me sonó muy lejos, y reparé en que un viaje era mucho más alcanzable desde nuestro nuevo lugar. Desde ese momento en adelante, tuve en mi mente la idea de dar un paseo a través de todo el río Mississippi hasta la ciudad de Nueva Orleans.

Durante mi último año de la prepa, mientras hacía tareas manejando mi coche, el Mercury, a menudo pasaba por una marina. En la marina me percaté de un barco que tenía un cartel de venta. Era un viejo barco de pesca de madera y tenía más o menos 28 pies de largo; también tenía una cabina pequeña donde parecía posible dormir, si no fueras muy grande. Pensaba que era el barco perfecto para navegar por el río Mississippi. Parecía que no podía hundirse, claro, después de arreglar los huecos en el casco. Pasaba por esta marina muchas veces y soñaba con ser el capitán de este valiente barco. Hasta que, finalmente, tuve suficiente valor para parar y verlo.

Cuando entré en la marina, había un hombre mayor detrás del aparador. Le dije que me gustaría ver el barco azul que estaba en venta y me dirigió al barco. Él y yo vimos el barco y, después de algunos momentos incómodos de silencio, me di cuenta que hubiera sido mejor pensar en preguntas sobre el barco antes de consultar por él, porque la única pregunta que pude hacer fue:

—¿Flota?

—No.

En ese momento, me di cuenta de que la conversación con este hombre sería un poco compleja. Después de un rato, le conté sobre mi plan de navegar por el río Mississippi. Me dijo:

—Este barco funcionará bien para su viaje, pero le hacen falta muchas reparaciones.

Después de algunos incómodos momentos de silencio más, le pregunté cuánto dinero quería por el barco. Me respondió:

—Depende.

Me hizo algunas preguntas como:

—¿Alguna vez has trabajado en un barco antes? ¿Tienes un motor? ¿Tienes un lugar para guardarlo? ¿Tienes herramientas? ¿Tienes un remolque?

Claro, todas mis respuestas eran "No"; este hombre me incomodaba no solo cuando estaba callado, sino cuando hablaba también. Pensó un rato, y luego me dijo que el barco iba a costar mucho dinero y mucho trabajo. Me dijo que, si yo quería hablar sobre cuánto iba a costar, tendría que volver otro día para una plática seria. Le contesté que estaba de acuerdo, pero me miró a los ojos con una bizquera, como si fuera la primera vez, y me preguntó:

—¿Hablas en serio, chico?

Parecía que no quería venderme el barco y, claro, no tenía ninguna idea de si yo era serio. Como yo estaba seguro de que quería volver para otra plática, le contesté:

—Sí, hablo en serio.

Tomaba muchas de mis decisiones así en aquellos años: en el momento, sin pensar y bajo la presión de un adulto impaciente.

Algunos días más tarde volví para nuestra reunión y me habló acerca de todo el trabajo que el barco necesitaba. Me dijo que, si yo le compraba todos los materiales a él, podía usar sus herramientas y, mientras trabajaba, podía guardar el barco en su lugar. También, me ayudaría a encontrar un motor que tuviera el poder para hacer que el barco sea más rápido que la corriente del Mississippi, una buena idea para la ocasión en que yo necesitara viajar río arriba, algo en lo que nunca había pensado. Hizo una lista de los materiales que necesitaría y nuestra reunión duró más de dos horas, una eternidad para mí en ese entonces. Luego, cuando creía que había entendido todo, me dijo que el proyecto iba a costarme cuatro mil dólares. Eso era un montón de dinero en 1971. Yo estaba pasmado, pero al mismo tiempo tenía suficiente dinero. Le dije que tendría que pensarlo.

Ahora necesito describirte a este anciano. Para mí, parecía el personaje del libro "El Viejo y El Mar", de Ernest Hemingway. Tenía más o menos setenta años, pero parecía que tenía una vida entera en sus arrugas, y para mí, a los 17 años de edad, lucía como si tuviera cien. Llevaba una gorra sucia, tirada sobre sus ojos; de hecho, ni siquiera puedo recordar si tenía pelo, porque siempre llevaba su gorra puesta. Un par de gafas siempre colgaban de su cuello y, cuando realmente quería ver algo, las ponía enfrente de sus ojos y los entrecerraba. También tenía siempre un marcador en el bolsillo de su camisa. Más tarde yo aprendería a tener pavor de ese marcador, porque era lo que usaba para escribir las miles de instrucciones que iba a darme. Para mí, parecía como si supiera todo sobre los barcos. Los que no lo conocieran hubieran pensado que era un hombre muy tosco. Para mí, era directo y claro, la personificación de la honradez. Me gustaba esto. También sentía que, al principio, no creía en mí. Es lo que percibí desde el primer momento en que lo conocí, me miraba con mucho escepticismo. Pero esto no me disuadió; de hecho, me inspiró. Quería demostrarle que estaba equivocado, quería hacer que creyera en mí. No lo sabía en ese momento, pero ahora sé que quería caerle bien también. ¿Por qué? No lo sé. Si me hubieras preguntado entonces, te habría dicho que no era del todo amable, y que era muy difícil platicar con él.

¿Conoces la canción "Old Man", de Neil Young? Esta canción siempre me lo recuerda, aún cincuenta años más tarde.

En esta época, cuando estaba en la prepa, hacíamos presentaciones de un minuto en la clase de inglés. No recuerdo mi presentación, pero sí la de una muchacha bonita y popular que se llamaba Carrie. El tema de su presentación era que ella nunca había tenido una aventura y que en su vida todo había estado planeado, especialmente por sus padres. Claro, vi una oportunidad, no estaba completamente despistado. Más tarde ese día, recogí todo mi coraje y le conté sobre mi barco y mi viaje planeado en el río Mississippi. En aquellos días, me costaba mucho trabajo hablar con las muchachas, especialmente las guapas; entonces esto era un gran reto para mí. Le hablé sobre cómo mi viaje era seguro y que definitivamente iba a comprar el barco. Me miraba mientras le hablaba, sus ojos grandes y abiertos y su gran sonrisa todavía permanecen en mi mente. Claro, la idea de tener una muchacha conmigo me hizo querer más el viaje; ya estaba pensando en perder mi virginidad sobre el río Mississippi (¡Qué historia hubiera sido esa!). Estaba listo para decepcionarme, pero me sorprendió mucho. Estaba emocionada y, con una gran sonrisa, me dijo que quería saber más. Entonces acordamos ir a la marina juntos para ver el barco.

Fuimos a la marina unos días después y nos reunimos con el viejo. Durante esa reunión, él estuvo muy callado, aún más de lo normal. Tuve que conducir toda la conversación, algo en lo que no tenía mucha experiencia. Fue muy incómodo, pero lo hice. Después de nuestra reunión, Carrie y yo hablamos sobre el trabajo y el viaje, y Carrie me dijo que quería hacerlo conmigo. Claro, tenía que hablar con sus padres, pero pensaba que ellos le dirían que sí.

En ese momento me di cuenta de que todavía no había hablado sobre el barco ni el viaje con mis padres. Más tarde hablé con mi padre sobre mi plan y me dijo:

—OK, es tu dinero.

Hmmm, otro hombre de pocas palabras.

Todo estaba listo. Compré el barco y el hombre mayor me ayudó a ponerlo en el lugar donde trabajaríamos, y a elaborar un plan para repararlo. El primer día de trabajo, Carrie y yo quitamos todo lo que estaba dentro del barco: la cabina, todos los controles, todo. La siguiente tarea era lijar toda la pintura y quitar las tablas podridas, un trabajo sucio y duro.

Recuerdo esos primeros días claramente. Al principio, el trabajo duro me gustó. En medio del invierno, en un lugar donde tendría mucho frío, sudaba profusamente y lo disfruté inmensamente. Por otro lado, no estaba cien por ciento seguro de mi decisión. Me preocupaba mucho el dinero que iba a gastar y si podía realmente arreglar este barco que no estaba en buenas condiciones; no había quedado mucho después de desarmarlo. Pero con cada paso estaba más y más comprometido. Aunque en ese momento era otra la persona quien estaba tomando las decisiones y yo era solo una víctima en vez de la persona que dirigía la aventura, de todos modos, no hubo nada que pudiera hacer después de comprar el barco. Tenía que seguir adelante.

Carrie trabajó conmigo tres noches. Fue difícil encontrar una tarea que ella pudiera hacer, lijar era difícil. Creía que íbamos a divertirnos, pero a diferencia de mí, ella estaba cada noche lista para irse a su casa temprano. Al parecer, tenía mucha tarea escolar. Después de sólo unos días trabajando, un sábado ella no llegó a la marina. El domingo por la mañana me llamó por teléfono, me dijo que tenía un novio nuevo y entonces no podía trabajar ni ir de viaje conmigo. ¡Chin! Mi plan de perder mi virginidad fue devastado. Dónde encontró un novio tan rápido, todavía no lo sé ¡Le tomó menos de una semana! Bueno, lo que fácil viene, fácil se va. Claro, estaba decepcionado, pero no estaba devastado. Seguí con mi proyecto.

Una semana más tarde fui a la marina para trabajar en mi barco y empecé el día emocionado, pero con las horas mis sentimientos cambiaron. Era invierno, hacía mucho frío y no había calefacción en mi espacio de trabajo. Me sentía muy sólo. Sentía que era posible que hubiera cometido un error y lamentaba mi decisión. En las primeras horas de la tarde, el viejo llegó; no sabía lo que hacía allí, porque durante el invierno la marina estaba cerrada los sábados y domingos. Mientras me miraba tranquilamente, le conté que Carrie había abandonado la tripulación, sólo asintió con su cabeza sin una palabra. Nunca mencionamos a Carrie otra vez.

Después comenzó, sin palabras, a marcar el barco. Cuando terminó, me dio una lista de tareas:

—Aquí, tenemos que reemplazar las tablas; aquí tienes que lijar más; aquí no lijes —etcétera.

Me gustaron sus instrucciones. Me di cuenta en ese momento de que éramos socios. Yo lo necesitaba, e iba a apoyarme, ya no estaba tan sólo. Me ayudó mucho durante los siguientes meses; contrató a un hombre que reemplazó algunas tablas en el casco ("Es un arte", me dijo el anciano); me mostró la mejor manera de cubrir las sillas con vinilo; compramos juntos un motor y lo trajimos en su camioneta. Revisaba todo mi trabajo, muchas veces me pedía que rehiciera cosas. Sólo lo veía veinte o treinta minutos cada vez, pero me comprobaba todos los días, muchas veces más de una vez por día, incluso los fines de semana. Claro, hubiera estado perdido sin él. Algunas veces traía comida, hecha por su esposa, para ambos, y comíamos juntos. Su carne mechada (*meatloaf*) era mejor que la de mi abuela. Por fuera era duro, pero por dentro había algo muy amable en él. Comencé a disfrutar mucho su presencia, trabajaba arduamente, y en especial para lograr su aprobación. Aun ahora, a veces siento que este hombre mayor está mirando sobre mi hombro, revisando lo que hago. Siempre me anima a hacer mejor las cosas. Espero que a él le gustara esta historia.

En las semanas siguientes trabajé mucho, siete días por semana. Muchos días llegaba directamente de la escuela y trabajaba hasta las diez de la noche. Cada sábado y domingo pasaba allí diez horas. Mis hermanos me ayudaban a veces, pero sólo tenían catorce y trece años, no podían hacer mucho. Muchas veces estaba cansado, pero había aceptado un proyecto grande y sabía que tenía que trabajar duro, de lo contrario, el hombre mayor fruncería su ceño, algo que yo temía.

Después de seis u ocho semanas me di cuenta de que no iba a terminar el proyecto para mi viaje en el verano. Esto me decepcionó mucho, claro, pero me estaba sintiendo orgulloso de mi proyecto y más que viajar por el río Mississippi, quería hacer un buen trabajo. Seguí trabajando durante el verano. Fui a mi empleo habitual de verano en el depósito porque tenía que ganar más dinero para materiales para el barco. Y finalmente terminé el proyecto. Para mí, el barco parecía nuevo y perfecto; era de dos tonos de azul. Pulí el motor, los instrumentos y todo lo que era de metal. Se veía bonito y estaba muy, muy orgulloso de mi barco.

Un fin de semana, ya era septiembre, el hombre mayor y yo llevamos el barco al río Fox, de St. Charles, para una prueba. Recuerdo ese día claramente; estaba soleado, el aire estaba muy tranquilo y el agua estaba quieta. Nos fuimos temprano en la mañana. Me preocupaba que el barco tuviera alguna vía; lo sellé tan bien como pude, pero nunca antes había sellado un barco. Lo pusimos en el río, yo estaba de pie sosteniendo la cuerda, mirando mi barco. ¡Flotaba como un corcho! Y el motor ronroneaba como un gatito. Podía ver el brillo del sol en su pintura nueva. Era un brillante corcho azul.

El hombre mayor y yo manejamos por el río poco más de una hora. Probamos todas las cosas en el barco e hicimos una lista de tareas. Lo más importante, gracias a Dios, no había vías. Volvimos a la marina con el barco e hicimos los ajustes, y así terminó el proyecto. Tardé mucho más tiempo de lo que esperaba, y me costó más dinero también, pero al final estaba muy orgulloso de mi esfuerzo. Tenía 18 años y era el capitán de mi propio barco. Aunque nunca lo decía, creo que el hombre mayor estaba orgulloso también. No hubiera podido hacerlo sin él.

Sólo llevé el barco al río una vez más. Llevé a mis abuelos y hermanos para que lo vieran y dar un paseo en él. Tuve que aprender a manejar la camioneta del viejo, que tenía una palanca de cambios; nunca había conducido un vehículo con una palanca de cambios antes. La primera vez enfrente de mis abuelos fue estresante, pero podría dar un paseo en barco con mi familia. Mi barco se portó como un campeón. Que día extraordinario.

Después de aquel día, me sentía completo. No me molestaba no tener un viaje a Nueva Orleans. Regresé a la escuela y seguí trabajando en el depósito. Visitaba mi barco y al hombre mayor en la marina de vez en cuando. El siguiente año, el hombre mayor me preguntó si quería vender el barco, le dije que tal vez algún día, pero todavía no estaba listo para despedirme de mi amigo azul.

Después de algunos meses, a principios de la primavera siguiente cuando estaba en la universidad, recibí una llamada de él y me dijo que había alguien que estaba interesado en mi barco. Para entonces, ya estaba pensando en la universidad y otras cosas, así que le dije que sí, mi barco estaba en venta. Algunas semanas más tarde me dijo que teníamos una oferta de 9,500 dólares. ¡Qué sorpresa! Había ganado miles de dólares más de los que gasté.

Justo después de venderlo, fui para una última visita a la marina. El hombre mayor me dijo que iba a extrañar el barco. Fue una muestra rara de emoción de este hombre callado. Luego, me dijo que, en el pasado, llevaba a sus hijos en ese barco cuando eran niños. Otra sorpresa, él fue el dueño de mi barco antes que yo y nunca me lo había dicho. Me hizo sentir mal por venderlo.

Nunca vi al hombre mayor otra vez después de esta visita corta. Aprendí mucho de él; lo más importante fue que no hay prisa en conocer a una persona. Cuando se tarda más, generalmente vale la pena la espera. Empecé mi proyecto con sueños de navegar el río Mississippi con una muchacha bonita, pero me quedó algo más importante: una lección de vida, y un buen amigo que cuadruplicaba mi edad.

Coincidencia:
Haciendo una conexión

Estudié cuatro años en la universidad Duke, en Carolina del Norte. En mi último año tuve una amiga, o más bien una conocida, que se llamaba Suzie. Sabía hablar cuatro idiomas: inglés, francés, italiano y alemán, y eso me intrigó porque ya en ese entonces los idiomas extranjeros me fascinaban. Durante la graduación me había dicho que trabajaría para una aerolínea, tal vez en Europa. Pensé que sería un buen uso de sus habilidades. Después de despedirnos, nunca volví a saber de Suzie. Era lógico, porque no éramos cercanos.

Una vez graduado, fui a Michigan. Después de dos años más de estudio, obtuve mi maestría en negocios, y un empleo. Finalmente, tenía algo de dinero y quería un mejor departamento. Como en aquellos días no había internet, revisé una cartelera donde las personas ponían anuncios de departamentos disponibles y llamé a una que alquilaba uno.

Cuando marqué a ese número, contestó un hombre con acento inglés. En los setenta era raro escuchar un acento inglés, porque las personas no viajaban afuera para estudiar tanto como ahora. El inglés me dijo que acababa de llegar de Inglaterra y que había alquilado un departamento; también dijo que yo debía hablar con el dueño, aunque creía que ya se había tomado el departamento que buscaba. Me dijo:

—Dame tu nombre y número de teléfono, le pediré al dueño que te llame.

Cuando le di mi nombre, me interrumpió diciendo:

—Oh, Roy Phelan, tengo un mensaje para ti. Sí, Suzie te saluda.

Guau. Le contesté:

—¿Cómo conoces a Suzie?.

Me contó que el día anterior, mientras se mudaba de su apartamento en Londres, conoció a Suzie en el pasillo. Ella se mudaba al departamento de enfrente. Cuando le dijo a Suzie que iba a Ann Arbor, ella recordó que yo iría a Ann Arbor después de la graduación de Duke. Entonces dijo al inglés:

—Si conoces a un Roy Phelan, salúdalo de mi parte. Es un amigo.

Quién hubiera pensado que hablaría con este hombre el día que llegó a Ann Arbor. Es un mundo pequeño, por cierto. Nunca he podido encontrar a Suzie para decirle que recibí su mensaje. Tal vez, en el futuro marcaré un número equivocado y Suzie lo contestará.

Coincidencia:
Devolviendo el Hobbit

En el verano de 1976 fui a Europa con un amigo y visitamos muchos países. El primer lugar al que fuimos fue Escocia. Tomamos el tren tan al norte cómo fue posible y nos quedamos en un hostal en una ciudad muy bonita y tranquila llamada Inverness. Una noche, fui a la biblioteca del hostal y allí conocí a una muchacha, a quien le comenté que no leía mucho, pero ella de todas formas me dio un libro.

Me dijo que este libro era fantástico y que yo debía leerlo. Su título era "El Hobbit". Al dármelo aclaró:

—Voy a darte este libro, pero si me ves en el futuro, tienes que devolvérmelo.

Le dije:

—Por supuesto —y acepté el libro.

Nunca había oído sobre él, pero aun así en los siguientes días lo leí. Lo primero que pensé fue que era demasiado extraño y no iba a ser un éxito y que obviamente nadie oiría de este libro en el futuro. Jajaja, no era crítico literario.

Cuando terminé de leerlo quería tirarlo a la basura. Era grande y tenía que llevarlo junto con todas mis cosas en mi mochila. Pero había hecho una promesa y era un hombre de palabra. Llevé este libro por Europa entera. Mi compañero me dijo muchas veces:

—Tira ese libro, nunca vas a ver a aquella muchacha de nuevo. Estás loco.

Al final del viaje, tres meses más tarde, cuando estaba regresando a los Estados Unidos, caminaba por el aeropuerto en Nueva York en dirección a la aduana cuando oí a alguien gritando:

—Oye, oye, para, para.

Me volví y vi a una muchacha que me llamaba; en ese momento no la reconocí. Ella se acercó a mí y me dijo:

—Hola, ¿dónde está mi libro?

Aunque no identifiqué su cara, sí recordé el libro. Por supuesto, estaba asombrado, y le dije:

—Oh, aquí está.

Le di el libro y ella sólo me respondió:

—Gracias.

Y esto fue todo. No parecía sorprendida, no quería hablar, sólo quería su libro. Me dejó sin poder decir nada.

El Boss

Recuerdo claramente todos los detalles de la primera vez que escuché una canción de Bruce Springsteen. Era el año 1975 y tenía 20 años. Caminaba solo por el campus de mi universidad después de haber pasado algunas horas en el gimnasio, algo que hacía casi todos los fines de semana. Llevaba shorts deportivos muy cortos, según la moda de esa época, y *Converse All Stars* blancos hasta el tobillo, como era mi estilo desde niño. Una playera empapada de sudor colgaba sobre uno de mis hombros y mi pecho desnudo. Mi pelo, más largo  que hoy y todavía marrón, también mojado en sudor, cubría la esquina de un ojo. Estaba muy contento con mi entrenamiento de la mañana y me preguntaba cómo podría dedicarme a estudiar durante el resto de ese buen día. Ya me sentía vivo en el aire fresco de uno de los primeros días de otoño y sentía pavor ante la idea de pasar la tarde entera estudiando en la biblioteca.

En ese momento, mientras divagaba en mis pensamientos, lo escuché. Fue imposible ignorarlo. Un tipo había puesto las bocinas de su estéreo fuera de su habitación y sobre el techo del dormitorio. Estaba tocando un disco de Bruce Springsteen a todo volumen para que todo el mundo pudiera disfrutarlo. En un principio pensé, "Qué cabrón. ¿Quién toca música por el campus entero al mediodía?". Pero después de escuchar un rato, me comenzó a gustar. Me detuve para disfrutar esta música diferente, provocadora y, aunque nunca la había escuchado, se sentía ligeramente familiar.

Mientras absorbía la música, noté la letra:

"Durante el día sudamos la gota gorda en las calles de un sueño americano fugitivo.

Por la noche recorremos las mansiones de la gloria en máquinas suicidas.

Escapamos de las jaulas por la autopista 9,

ruedas cromadas, combustible inyectado y cruzando la línea."

Seguro que falta algo en mi traducción, pero en inglés la letra me habló. Me fascinó. Sonaba diferente, única, y a diferencia de muchas otras letras, fuertemente americana. Sentí un aumento en mis latidos y mi energía. Iba a ser aún más difícil estudiar después de experimentar esta nueva fuente de adrenalina.

Escuché sólo una o dos canciones y me fui. Cuando tenía veinte años nunca pensaba en "disfrutar el momento". Siempre tenía un propósito y me apresuraba todo el tiempo, no importaba para qué: estudiar, trabajar o jugar. Fueron sólo cinco minutos. Pero, aparentemente, esos cinco minutos fueron importantes, se quedaron conmigo para siempre.

¿Por qué me acuerdo de esos cinco minutos tan vívidamente? No puedo decir que la música del "Boss" me hubiera impactado mucho, tampoco puedo decir que tocó mi alma. Claro, hay letras suyas que para mí son especiales como: "Mamá siempre me decía: 'nunca mires directamente al sol'. Pero, mamá, es allí donde está la diversión". Todavía pienso en estos versos cada vez que una persona me dice "Roy, ten cuidado". Pero sus letras no me cambiaron, ni me animaron más que las letras de otros cantantes. De hecho, aunque lo he visto dos veces en concierto, nunca compré un disco suyo. (Si nunca lo has visto en vivo, te lo recomiendo, el güey hace un *show*).

Nunca había compartido esta historia con nadie y nunca me hubiera imaginado que lo habría recordado 50 años más tarde. Nunca me ha importado lo suficiente, al menos de una manera consciente. Quizá, la única explicación puede ser que no reconocí qué tan bueno fue ese momento. Siempre recordamos los grandes momentos o eventos, como cuando nos graduamos, cuando nos casamos o cuando ves a una persona especial por primera vez. Quizá los momentos más tranquilos, íntimos, personales —y, me atrevo a decir, espirituales—, son igual de importantes e impactantes. Supongo que tales eventos pueden tener un impacto muy grande, o al menos bueno, en tu mente... si los dejas.

Pero ¿por qué se me vino a la mente este recuerdo cuando mi esposa me dijo ayer que quería ver una película sobre un chico que se inspira en la música de Bruce

Springsteen? No siempre está en mi mente, pero es un recuerdo que se destaca entre muchos otros de mis 4 años en la universidad, y nunca lo voy a olvidar. Bueno, supongo que tengo que aceptar que, aunque pequeña, es una parte de mí. ¿Quiénes somos sino sólo una suma de nuestras experiencias, grandes y pequeñas?

Dale, es el momento. Es el momento en que atas tus manos a mis motores. Juntos podríamos romper esta trampa. Correremos hasta caer porque, baby, nosotros nacimos para correr.

Bimini

Bimini: El Viaje

Cada año, los estudiantes de la universidad tienen unas vacaciones de primavera que duran una semana. Esta es la historia de un descanso de primavera de 1977. La historia comienza en Carolina del Norte, pero pronto se mueve rápidamente hacia al sur.

Normalmente durante este descanso iba a mi casa para trabajar y ganar dinero. Pero este era el último, y quería pasar un buen tiempo con mis amigos; entonces me fui de viaje con dos de ellos, Peter y Phil. Vas a conocer más de Peter en *Una experiencia española* y a Phil en *Mi primer vuelo en una avioneta*.

Phil conocía una isla en Las Bahamas que se llama Bimini. Es famosa porque Ernest Hemingway solía visitarla. Creo que había una muchacha que a Phil le gustaba y era miembro del club de vela, y el club había organizado un viaje a Bimini. Entonces, tal vez tendríamos amigos allí, por lo menos unos días.

Nuestro plan original era irnos el viernes en la mañana en mi carro para Fort Lauderdale, y de allí, tomar un avión a Bimini. Sólo era un vuelo de treinta minutos. Pero el jueves en la noche estuvimos en una fiesta, y no fue muy divertida porque muchos de los estudiantes ya se habían ido de vacaciones. Mis amigos y yo decidimos que nos iríamos en la noche en vez de dormir y salir por la mañana. ¿Quién necesita dormir cuando se tienen veintiún años? Empacamos nuestras cosas y nos fuimos.

El camino a Fort Lauderdale fue bueno. Nos turnamos manejando y durmiendo. Después de 14 horas llegamos allí.

Bimini: La Primera Noche en Bimini

Fuimos al aeropuerto y allí tuvimos que esperar por nuestro vuelo que, eventualmente, se atrasó, y llegamos a Bimini por la tarde. El aeropuerto de Bimini era pequeño y sencillo. Había un hombre fuera del aeropuerto que vendía naranjas y Phil compró una bolsa. Nos habíamos enterado antes del viaje que era posible dormir en la playa, y es lo que íbamos a hacer. Entonces comenzamos a caminar por la ciudad hacia las playas. Mientras caminábamos, vimos una licorería y, por supuesto, decidimos comprar una botella grande de ron, la bebida tradicional de las islas del Caribe, y luego seguimos en búsqueda de la playa. La encontramos, pero había señales que decían "prohibido acampar" también. Tuvimos que seguir una distancia larga hasta que encontramos un lugar que parecía seguro. Estaba en la punta de la isla, aproximadamente a 2 millas de la ciudad. Acampamos y todo estaba bien, eran probablemente las siete de la tarde y oscurecía. Teníamos mucha hambre porque, por una razón desconocida, no habíamos comido en todo el día, por lo que estábamos listos para cenar. Pero como estábamos de vacaciones, teníamos que tomar algunos tragos. Así comenzó el problema.

No recuerdo de quien fue la idea, pero en el momento nos pareció genial. Todo lo que teníamos para ingerir era el ron y las naranjas. Así que, mordíamos una naranja y luego tomábamos un trago de ron. ¡Un sistema excelente! Desafortunadamente, a partir de ese punto, mi memoria es un poco borrosa. No habíamos dormido mucho la noche anterior ni habíamos comido nada en todo el día, así que el ron fue directamente hacia nuestros cerebros. No recuerdo todo lo que pasó en la playa antes de salir a cenar, pero tengo fotos que sacamos allí. En una foto estamos Phil y yo, de pie, pero en un ángulo de 45 grados. Claro, nos estábamos cayendo, pero por la expresión de nuestras caras, no teníamos ni idea de lo que nos pasaba.

Eventualmente fuimos, en estado de ebriedad, a un restaurante. Allí Phil trataba de aprender el idioma de las islas, un tipo de inglés local, criollo bahameño, y probablemente era un poco más que grosero. Durante esa cena, de alguna manera nos perdimos y terminé solo. Te explicaría los detalles, pero no los recuerdo. Sí sé que más tarde caminaba por centro de la ciudad, por la única calle con tiendas, bares y restaurantes de un lado y puertos para yates del otro. Era muy tarde en la noche, o para ser más preciso, muy temprano en la mañana. Por alguna razón, paré para hablar con uno de los guardias de un muelle, ya los efectos del ron se habían disipado y podía hablar y pensar claramente. Le pregunté al guardia si había visto a mis amigos y me dijo que debía esperar allí con él. Tuve que esperar un rato largo, pero no me molestó, porque teníamos una buena plática. Después de una hora, un coche de policía condujo hacia nosotros y me preguntó sobre los eventos de esa noche. Desafortunadamente, no lo ayudé mucho. Al final, le pregunté dónde estaban mis amigos, en respuesta abrió la puerta trasera de su carro y allí, acurrucado en posición fetal, estaba Phil. El policía lo golpeó con una macana algunas veces en un intento de despertarlo, pero Phil no se movió para nada. El policía me dijo que tenía que llevarlo a la cárcel; luego me explicó que Phil tenía que quedarse allí hasta el lunes, porque no había un juez en Bimini los fines de semana, sólo durante la semana. Traté de hacer que el policía dejara que Phil se fuera conmigo, pero no cedió. No me explicó lo que Phil había hecho, sólo que podría encontrar la información el día siguiente en la estación de policía. No había nada que pudiera hacer, Phil quedó detenido.

Bimini: Durmiendo en La Playa

Regresé a la playa para dormir. Cuando llegué, encontré a Peter, quien llevaba puesta toda su ropa y dormía en la arena sin su bolsa de dormir. Estaba contento de verle aun en esa condición. Enfrenté mi próximo reto: dormir en la playa. Había tomado prestada una bolsa de dormir de un amigo, pero olvidé que las bolsas venían en tamaños diferentes y esa bolsa era demasiada pequeña, sólo llegaba de mis pies hasta mi pecho. A menos que me acurrucara, mi cabeza y mis hombros quedaban expuestos.

Durante la noche había tres condiciones diferentes: los insectos, el viento y la lluvia. Cuando el clima estaba tranquilo, había muchos pequeños insectos, moscas de arena. Volaban alrededor de nosotros y nos picaban constantemente, por lo que no podíamos dormir cuando el tiempo estaba tranquilo. Pero, algunas veces, durante la noche el viento comenzaba a soplar. El viento era fuerte y hacía volar la arena alrededor de mi pelo y mi cara, y tenía que protegerme acurrucándome en la bolsa de dormir. Muy incómodo. Finalmente, había lluvia. Llovió todas las noches y cada mañana nos despertábamos mojados. No sé qué pensábamos, claramente, claro, no estábamos preparados para acampar.

Bimini: El Juicio

En la mañana, Peter y yo nos despertamos y, con las cabezas palpitantes, nos pusimos en marcha para rescatar a Phil. Encontramos la estación de Policía sin problema y allí nos dijeron que Phil tenía que quedarse en la cárcel hasta el lunes, cuando el juez decidiera su destino. Además, nos advirtieron que deberíamos guardar nuestro dinero, porque la multa podría ser alta. Estábamos fuera de la zona de las celdas y gritábamos a Phil, pero no pudo oírnos. No había nada que pudiéramos hacer. Peter y yo pasamos sábado y domingo sólo esperando al juez y el juicio. No gastamos mucho dinero y tampoco dormimos mucho. Nuestra piel estaba quemada por el sol y cubierta con miles de picaduras, y nuestro cabello era una maraña de arena e insectos. Aunque encontramos un lugar donde pudimos comprar agua y usar los baños, no lucíamos bien.

Finalmente, llegó el lunes. A la hora del juicio vimos a Phil y parecía bien, no mucho peor que nosotros. Por lo menos tuvo una cama y refugio del viento y la lluvia. El caso se titulaba "El Señor Brown contra Phil". El Señor Brown acusaba a Phil de saltar sobre su coche y romper su limpiaparabrisas. Además, dijo que Phil lanzó una piedra hacia su tienda, rompiendo una ventana grande de vidrio. Tenía fotos de los daños. Las fotos parecían viejas y no eran claras, pero el juez creía todo. Por supuesto, Phil no podía negar ninguna palabra, no podía recordar nada de esa noche. El juez anunció una multa alta, como de 700 dólares. Le dijimos que no teníamos esa cantidad de dinero, entonces nos pidió que nos acercáramos y le mostráramos cuánto dinero teníamos. Enseguida, tomé veinte dólares de mi billetera y los puse en mi bolsillo. Cuando nos acercamos, el juez simplemente tomó todo nuestro dinero. Caso cerrado. El Señor Brown estaba muy contento.

En los días siguientes, vimos el coche y la ventana. Parecía que nadie había manejado ese carro en años y que la ventana se había roto muchos años atrás. La ley de las islas favorece a los locales.

Bimini: Tres Días en Bimini

Nos quedaban tres días más en Bimini con solo veinte dólares. Hicimos un plan: podíamos comprar un galón de agua, una hogaza de pan y nueve perros calientes por día. No podíamos darnos el lujo de duchas. Vivimos de esta manera tres días. Tratamos de obtener dinero de un banco, pero no lo logramos porque no teníamos la identificación adecuada. También intentamos pedir dinero prestado de nuestros amigos del club de vela, pero ellos no tenían suficiente. Tuvimos que sobrevivir con veinte dólares.

Había sólo un bar popular en Bimini, en las noches pasábamos mucho tiempo afuera de este bar viendo a las personas. Una noche, estábamos hablando con un hombre y nos dijo que había un señor en el bar que compraba bebidas para todo el mundo, nos recomendó que fuéramos al bar y preguntáramos por El Señor Brown. ¿Qué? Aparentemente El Señor Brown estaba gastando nuestro dinero comprando bebidas para todos. Entramos enseguida. El Señor Brown estaba muy contento de vernos, nos compró algunas bebidas e incluso nos dijo que podíamos dormir en su casa. Sí, todo el mundo podía ver nuestras picaduras de insectos. Pero no queríamos quedarnos con El Señor Brown, no era nuestra persona favorita.

Bimini: El Aeropuerto

Cuando el día de partir llegó, habíamos gastado todo nuestro dinero. Pero no era problema, íbamos a volar a Fort Lauderdale donde estaban nuestros amigos de la universidad; planeamos verlos para pedirles dinero. Caminamos seguros al aeropuerto de Bimini. Cuando llegamos, estábamos mojados, sucios, y estoy seguro que olíamos mal también. Pero estábamos contentos de regresar a Los Estados Unidos y tal vez darnos un baño. Sin embargo, recuerdo bien que cuando le di mi boleto a la cajera, ella me dijo que había un impuesto del aeropuerto de 8 dólares por persona. ¿Qué? Le explicamos que no teníamos suficiente dinero, pero ella nos dijo que si no teníamos suficiente dinero, tendríamos que quedarnos en Bimini. El avión era pequeño, no había más de treinta pasajeros en el avión y había sólo un avión en ese momento. Tuvimos que rogarle a cada pasajero que nos prestara dinero, y nadie estaba contento de dárnoslo, a algunos tuvimos que rogarles dos o tres veces. Al final obtuvimos el dinero, pero perdimos nuestra fe en la humanidad. Hasta ese punto en mi vida pensaba que todo el mundo me veía como un muchacho amable, honesto y sincero, pero por las miradas que recibí, me di cuenta que ninguna persona nos consideraba así por allá.

Bimini: Fort Lauderdale

Cuando llegamos al aeropuerto de Fort Lauderdale estábamos muy contentos, pero inmediatamente nos encontramos con otro problema. Mi carro estaba en el estacionamiento, teníamos que pagar la factura antes de salir y no teníamos ni un dólar. Tratamos de llamar a nuestros amigos, pero no pudimos localizarlos. Entonces tuvimos que idear un plan para escapar del estacionamiento. Encontramos una salida cerrada solo por una cadena y que solo tenía barreras bajas. Phil y Peter abrieron la cadena y manejé a través de las barreras. Creía que mi carro iba a descomponerse, pero nos escapamos bien.

Después de esto nos encontramos con nuestros amigos. Pudimos pedirles suficiente dinero para el viaje a Carolina del Norte. A nadie le agradó darnos el dinero debido a que todavía no había cajeros automáticos y normalmente todos llevaban solamente el dinero que necesitarían. Pero finalmente, con un poco de torsión de brazos, pudimos juntar la cantidad de dinero que nos permitió dormir en el suelo de su habitación de hotel una noche y comprar gasolina en el viaje.

Al día siguiente regresamos a la universidad, un poco temprano, pero listos para descansar y curarnos. Fue un viaje de menos de una semana, pero pareció una eternidad.

Dale Poulnot

Esta historia comienza en septiembre de 1976. En ese tiempo iba a una universidad en del Norte que se llama Duke. Para ser una universidad, era pequeña, menos de cinco mil estudiantes. En mi último año me pasó algo que tuvo una gran influencia en mi manera de pensar.

En ese año, mi mejor amigo, mi compañero de cuarto desde hacía tres años, tenía una novia que se llamaba Dale. Dale era una estudiante transferida, por lo que era nueva en Duke. A mí me caía bastante bien, ya que era extrovertida y nunca tenía problemas en hacer nuevos amigos. Podía tener opiniones fuertes, pero era muy divertida también.

Aparte de ser la novia de mi amigo, una cosa que recuerdo de ella era su sororidad (la hermandad femenina). A ella no le gustaban las sororidades de Duke, así que creó la suya propia. ¡Cuánto trabajo! Tuvo que obtener el permiso de la universidad, obtener apoyo de la organización nacional de la sororidad, encontrar un lugar para vivir y reclutar a todos los nuevos miembros. Por todo eso, yo creía que estaba un poco loca. Pero un poco más tarde cambiaría de idea.

Hay una cosa que debes saber, y es que en esta edad yo era muy ingenuo y tranquilo. Por supuesto, me iba bien en la escuela y en los deportes, pero de las personas no sabía nada. Pensaba que era amable, pero más un observador. No era un líder y no creía que pudiera influenciar o ayudar a otras personas. Es por esto que hay algo que hizo Dale que nunca voy a olvidar.

Un día estaba platicando con Dale y algunos amigos cuando una muchacha pasó cerca de nosotros. Ya la había visto por allí en el campus. Era guapa, alta, delgada, rubia, tenía una piel hermosa… simplemente se veía perfecta. Por supuesto, todos volteamos a verla. Luego, un amigo dijo que se había enterado de historias sobre ella. Se enteró de que, aunque todavía estaba en su primer año y solo tenía 18 años, ya se había acostado con muchos muchachos. De hecho, conocía a alguien que la conoció en una fiesta y, después de cinco minutos, la tomó de la mano y la llevó a su cama. Después de otros cinco minutos, los dos estaban en la fiesta de nuevo.

A mí esta historia me parecía triste. Me sentí mal por ella, me enojé con cualquier muchacho que se aprovechara de ella de esa manera. Pero, también creía que no tenía nada que ver conmigo, era problema de otro. De hecho, no estaba seguro de que esto se tratara realmente de un problema para ella. Podía haber sido la manera en que ella había decidido comportarse y podría estar consciente de lo que estaba haciendo. ¿Quién era yo para juzgar lo que era bueno o malo para ella?

Pero Dale sintió lo contrario, sabía lo que necesitaba hacer inmediatamente. En seguida nos dijo que esta plática era inapropiada y no deberíamos contar cuentos como este a nadie, nunca. Ella preguntó por el nombre de la muchacha y donde vivía. De repente se fue persiguiendo a la muchacha.

¡Guau! ¿Qué pasó? Lo admito, merecíamos el regaño. Claro, chismeamos, pero todo esto pasó rápidamente y me sorprendió mucho. Dale por primera vez me dio la impresión de una persona que podía ser intensa. ¿Qué iba a hacer?

Unos días más tarde, vi a Dale y a la muchacha almorzando juntas, hablando muy amablemente. Se hizo evidente que Dale la ayudaba mucho, estaba muy impresionado. En mi mente, Dale demostró mucho valor para alguien que tenía sólo veinte años. Para mí, fue increíble. Dale buscó a esta muchacha segundos después de darse cuenta de lo que había estado haciendo, se presentó y empezó a ayudarla. Aparentemente —algo de lo que me enteré mucho más tarde—, Dale le explicó que tenía opciones y el derecho a rechazar a los muchachos. La ayudó entender lo que hacía con su cuerpo, su reputación y su autoestima. Por lo visto, esta muchacha era muy ingenua, aunque parecía que pudiera ser la dueña del mundo.

Después, supe que la muchacha se unió a la sororidad de Dale. Las veía juntas a menudo.

Una vez, estaba almorzando en la cafetería y ambas se sentaron a mi lado para almorzar. Dale me la presentó muy amablemente y luego le dijo a ella:

—Roy es muy amable, es el tipo de muchacho que debes conocer y te recomiendo que seas su amiga.

¡Qué amable! ¡Gracias, Dale! Por supuesto, me puse rojo. Pero, ¿merecía este reconocimiento? Creo que Dale era quien merecía todos los cumplidos.

También posteriormente le pregunté a Dale:

—¿Por qué comenzaste tu propia sororidad? ¿Por qué no te uniste a una que ya existiera?

A lo que ella respondió:

—Porque todas las otras sororidades se interesan en fiestas y muchachos. Quise tener una sororidad que se interesara en tener mujeres más fuertes, más inteligentes y más independientes.

Quedé tan impresionado que me dejó sin palabras.

He contado esta historia muchas veces y la reacción de otros hombres cae en dos categorías: están aquellos a quienes no les importa y, por el otro lado, están aquellos a quienes los impresiona. Las mujeres normalmente tienen reacciones diferentes. Sí, están aquellas a las que les impresiona, pero la mayoría de las mujeres no lo hace. Dicen que la reacción y acciones de Dale son normales y que hay muchas mujeres que hubieran hecho lo mismo. Para mí, no importa si fue algo que muchas mujeres podrían haber hecho, fue algo que me conmovió.

Dale nunca conocerá el impacto que tuvo sobre mí. Nunca conocí a alguien con tanta confianza y motivación para mejorar el carácter de otros. Cambió mis expectativas de mí mismo. Después de conocerla, me di cuenta de que es bueno tratar de ayudar a otros. No lo he hecho mucho, pero nunca me he arrepentido tampoco. Tal vez pueda contactarla algún día, aunque probablemente no. No he hablado con ella desde hace casi cincuenta años. Sé que a ella no le importa, porque probablemente esté ocupada ayudando a alguien con sus problemas.

Mi Mesa Médica

Al graduarme de la universidad en North Carolina, obtuve un título de ingeniero. De mi año, había sólo 14 ingenieros mecánicos, por eso no muchas empresas fueron a la escuela para entrevistar a los estudiantes. Entonces, busqué un trabajo y recibí una sola oferta de una empresa que hacía motores de reacción para aviones. Al principio, ese trabajo me interesó mucho. Estaba ubicado en Palm Beach, Florida, un lugar que no estaba tan mal; entonces fui a visitar la empresa y pasar un día con la persona que sería mi jefe. No era una mala persona, era serio, y durante la mayor parte del día yo tenía la intención de aceptar la oferta; pero hacia el fin de la visita, le pregunté:

—¿Cuál sería mi camino de carrera? ¿Cuándo seré un jefe, como usted?.

Pude ver que su humor, que no parecía muy jovial en primer lugar, cambió abruptamente, y me explicó que tendría que probar que podía hacer las tareas de principiante antes de una plática sobre mi carrera. Cuando hice la pregunta, no tenía ninguna expectativa realmente, era demasiado ingenuo para esperar mucho, pero el tono de su respuesta no me sonó bien; de hecho, me repugnó. Podría haberme dado ejemplos o haber hablado en general, en lugar de casi regañarme. Bueno, él tomó su decisión y yo tomé la mía. En ese momento decidí que no iba a aceptar la oferta.

Afortunadamente tenía un plan B. Había hecho una solicitud a la escuela de negocios de la Universidad de Michigan y ya me habían aceptado. Era una buena escuela y estaba en Ann Arbor, Michigan, a unas pocas millas de mi ciudad natal, Plymouth. Sabía que una maestría en negocios abriría más puertas, así que en el verano de 1977 me dirigí hacia allí.

El único problema con mi plan era que en ese momento estaba harto de estudiar. Nunca me había gustado estudiar y, después de cuatro años en la universidad, no estaba listo para otros dos años. Fui a Michigan, empecé mis clases y rápidamente me di cuenta de que necesitaba un trabajo para mantenerme. Mis padres ya habían declarado que estaba por mi cuenta. Ganar dinero era un requisito, pero también creía que un trabajo sería importante para mantener la cordura. Mis estudios ya no tenían importancia, necesitaba hacer algo que me importara.

Encontré un periódico y busqué un trabajo en los anuncios de empleo; por suerte, enseguida encontré uno para un ingeniero mecánico. Claro, todavía no era ingeniero de verdad, sólo tenía mi licenciatura, un ingeniero real tiene algo de experiencia, pero esto no iba a detenerme. Llamé al número de teléfono y hablé con un hombre que me dijo que fuera a su oficina. Genial, conseguí una entrevista después de mi primera llamada. Fui a la oficina y conocí a Bill. Bill era consultor en la industria médica, trabajaba en hospitales y los ayudaba con varias tecnologías de diagnóstico que tenían que ver con el corazón. En su trabajo, encontró diferentes oportunidades para productos nuevos. La mayoría de estos eran electrónicos y ya había contratado a un ingeniero electrónico para diseñar y construir algunos de estos productos. Conocí a ese ingeniero en mi primera entrevista; se llamaba Ringo y te contaré sobre él más tarde.

Bill me mostró su última idea para un producto nuevo que solucionaría un problema verdadero para doctores y técnicos. En aquellos días, los médicos inyectaban isótopos a los pacientes con problemas del corazón; luego se sacaban fotos de su corazón para ver cómo funcionaba. Pero los problemas no se podían ver cuando el paciente estaba en reposo, para hacerlo, el paciente tenía que tener un ritmo cardíaco acelerado. Entonces, la idea de Bill era diseñar una mesa en la que los pacientes podían acostarse para estar en posición para la cámara, pero igual podían ejercitar sus piernas para tener un ritmo cardíaco acelerado.

A mí me parecía una buena idea; claro que no sabía nada sobre la industria médica, pero me emocioné inmediatamente. Bill me mostró una mesa que había empezado a construir. Era una mesa con patas de acero pesado y un tablero de plástico transparente. También, hizo una estructura donde, imaginé, estaría montada una rueda de ejercicio. Pero todavía no había una rueda, sólo esta estructura pesada.

Bill me explicó todo sobre la mesa y, cuando entendí todo, me dijo que por el trabajo me pagaría 10 dólares por hora. Bueno, estaba contento con eso, era dos veces más de lo que había ganado en mis trabajos anteriores. Cuando terminamos la plática sobre los detalles, Bill me preguntó si tenía la capacidad para tal tarea y sin dudarlo, le dije:

—Sí, por supuesto.

Claro, no tenía ninguna idea de qué hablaba, nunca había diseñado ni construido un producto en mi vida, especialmente para un hospital. Tenía mucha confianza, pero en realidad no sabía lo que no sabía. Aun así, no tenía ninguna duda de que podría hacerlo. Pero como Bill no sabía esto, me preguntó:

—¿Puedes empezar mañana?

Yo estaba encantado, no podía creer mi suerte.

Cuando llegué a la oficina para mi primer día, busqué a Bill, pero no pude encontrarlo. Le pregunté a Ringo:

—¿Dónde está Bill?

Y me dijo que Bill iba a estar fuera de la oficina el resto de la semana. Le dije que empezaba mi trabajo y que pensaba que estaría allí, pero Ringo me dijo que de todas formas Bill no podía ayudarme y debía empezar a hacer mi producto sin él.

Bueno, mi primer paso fue determinar lo que Bill pensaba sobre la estructura que había diseñado. Me dijo que iba a obtener una bicicleta e iba a usar sus partes, pero cuanto más lo pensaba, me daba cuenta de que las partes de una bicicleta no iban a funcionar. En una bicicleta, los pedales están conectados a un eje con una cadena y no quería un sistema tan complicado. Si los pedales estuvieran conectados directamente con el eje de la rueda, hubiera sido mucho mejor.

Entonces, en mi primera semana hice dos diseños para la mesa. El primero usaba la mesa y la estructura que ya existía con pocos cambios; el segundo, incluía mis ideas para un diseño completamente nuevo. Este diseño era mucho mejor porque era más ligero y los mecanismos para la rueda de ejercicio iban a funcionar adecuadamente. Pero había un problema, requería más partes personalizadas y sabía que necesitaba usar partes estándar, partes que podía comprar y armar. No quería diseñar piezas que necesitaran ser fabricadas específicamente para mí.

Para obtener ideas, fui a diferentes tiendas. Primero, fui a una tienda que vendía máquinas de ejercicio, no tuve suerte allí. Tal vez obtuve ideas para el sistema de frenos, pero las máquinas eran demasiado complejas. Luego, fui a una tienda de bicicletas. Miré las bicicletas y no me servían. Pero después, miré arriba en la pared y encontré la solución: un monociclo. Un monociclo tiene pedales que están directamente conectados al eje. Perfecto. Inmediatamente me di cuenta de que había encontrado la solución y, sin pedir permiso, compré un monociclo y lo llevé a la oficina. Empecé a trabajar: corté el asiento del monociclo con una sierra para metales, me quedé con una rueda, pedales y dos soportes; taladré huecos y así pude montar la rueda y pedales en la estructura que ya existía. Luego, monté la estructura en la mesa. Esa noche trabajé hasta las dos de la mañana, cuando estuve acostado, pedaleando en mi mesa nueva. No podía estar más feliz, y, claro, dormí bien esa noche.

Claro, aún no había terminado, todavía necesitaba un sistema de frenos. La tarde siguiente fui a una ferretería y compré varias partes: corchetes, pernos, rodillos y luego regresé a la oficina. Otra vez, trabajé hasta la madrugada, pero terminé mi primer sistema de freno. Todo funcionaba como había imaginado, excepto el rodillo, que era demasiado plano y no proveía suficiente fuerza de frenado. Necesitaba un rodillo que pellizcara la llanta del monociclo.

Para resolver este problema, fui a ver a Ringo. Pero, para empezar, voy a brindar un poco de información sobre Ringo. Ringo era uno de los últimos hippies: alto, demasiado delgado, y tenía el pelo muy largo y muy rojo, se parecía a Duane Allman (de la banda The Allman Brothers). Todavía llevaba sandalias y pantalones de campana. Claro, hubo un tiempo en que yo llevaba pantalones de campana también, pero esto había sido en 1977, y los días de llevar pantalones de campana se habían terminado hacía mucho. Además, cuando Bill no estaba en la oficina, Ringo fumaba marihuana continuamente. Siempre trataba de venderme marihuana, incluso en mi primer día. Bueno, tal vez compré un poco, pero, por supuesto, no en mi primera semana. Otra cosa sobre Ringo era que su respuesta a cualquier pregunta era "Sí, claro, vaya ya, todo está chido".

A veces Ringo me ayudaba. Aquella vez me dijo de un vendedor que podía hacer un nuevo rodillo con mis especificaciones. Hice un dibujo con sus dimensiones y fui al vendedor. El vendedor fue amable y me dijo que podía hacer mi pieza al día siguiente. Fui a buscarla ese día y parecía perfecta. No podía esperar para probarla.

En la oficina, la puse en la estructura y cabía perfectamente, funcionaba bien también. Sólo había un problema, chillaba muy fuertemente. La probé mucho ese día e incluso le pedí a Ringo que la probara. Estaba muy feliz de haber podido hacer una mesa que funcionaba bien en sólo cuatro días, pero no creía que mi producto estuviera a punto de estar listo. Claro que necesitaba eliminar el chillido y también, creí que debía lucir más sofisticada, como los otros equipos y máquinas que se pueden ver en un hospital. Mi mesa todavía era muy rudimentaria, solo era un prototipo.

Fui a la oficina el sábado sólo para ver mi mesa, probarla más y estar seguro y listo para hablar con Bill. Pero me sorprendió ver que ya estaba en la oficina, entonces le pedí que viera la mesa. En ese momento, creí que había hecho un buen trabajo, en hacer una mesa funcional en menos de una semana. Bill me preguntó:

—¿Funciona?

Y le dije:

—Sí, vamos a ver.

Recuerdo que Bill apenas la miró y me acosté en la mesa y empecé a pedalear y, en menos de un minuto, me dijo:

—Bueno, voy a llamar al hospital y puedes llevarla allí este lunes.

¿Qué? Por lo menos, tenía que arreglar el chillido.

—Bueno —me contestó—, entonces, el martes.

Eso fue una sorpresa. Íbamos a entregar la mesa al hospital de la Universidad de Michigan, un hospital grande y muy profesional. Creí que iban a reírse de nosotros.

El lunes fui a ver al vendedor para arreglar el rodillo para que no chillara, luego lo instalé en la mesa e increíblemente funcionó bien, el chillido desapareció completamente. Al día siguiente, cuando llegamos al hospital, recuerdo pensar que eso era una locura. La mesa pesaba más de doscientas libras, muy pesada, pero a Bill no le preocupaba. Los doctores fueron amables también, era claro que Bill tenía buenas relaciones con ellos. Pusimos la mesa en su lugar y les mostré a los doctores cómo funcionaba, parecían satisfechos. Todo estuvo bien, había entregado mi primer producto "profesional".

Hice una lista de puntos a revisar para Bill. Hablamos un poco sobre esos detalles y decidimos cómo sería el próximo modelo. Bill me ayudó, pero su falta de conocimientos de cosas mecánicas me sorprendió. En ese momento, me di cuenta de que sabía tanto como Bill, me daba un poco de miedo.

—Bueno —me dijo—, haz cinco mesas esta vez.

¡Qué! En ese momento entendí la diferencia de ideas entre Bill y yo. Bill creía que no necesitábamos un diseño ni una prueba, sólo construir y entregar era suficiente. Yo no podía imaginar estar listo para construir cinco mesas y entregarlas a otros hospitales, pero él era el líder y yo era el soldado. Entonces, hice dibujos y especificaciones de una estructura nueva y de otras nuevas piezas para empezar a pedirlas. Incluso fui una tarde a la escuela de ingeniería para hablar con alguien sobre mejores materiales, ellos me ayudaban de vez en cuando.

Alrededor de esa época, recibí una llamada de un médico de la universidad que me dijo que tenía que ir a ver la mesa. Después de llegar al hospital, pude ver que había goma negra de la llanta sobre toda la mesa y estaba a punto de terminar de desgastarse. Estaba avergonzado, pero los doctores fueron amables. Pude ver que necesitaban esta mesa y que entendían que ese era el primer modelo. Me sentí mejor. Diseñé un nuevo rodillo de freno, cambié el material —usé plástico en vez de aluminio—, lo instalé y funcionó mejor.

Regresé a la oficina y empecé el proceso de construir cinco mesas más. Un día, fui a la tienda de bicicletas y les dije que necesitaba cinco monociclos más y, más tarde, probablemente diez. Ellos me dijeron que estaba loco y que necesitaba llamar a la empresa directamente (Schwinn para ser preciso) que hacía los monociclos, pensaron que era muy chistoso que alguien quisiera quince monociclos. Bueno, llamé a Schwinn y no solo aceptaron mi orden, obtuve un mejor precio también.

Después de algunos días, Bill me preguntó:

—¿Cuándo podemos enviar dos mesas a Hawái?

¿Qué? Estaba completamente asombrado. Una cosa era entregar una mesa en nuestra propia ciudad, donde podíamos proveer servicio, pero era otra cosa enviarlo a una distancia de 5 mil millas. En Hawái, si hubiera una mesa rota, hubiera habido problemas. Tampoco podía imaginar una caja para esta mesa, era simplemente demasiado pesada y tenía una forma extraña también. Le dije a Bill que debía hacer cambios para enviar la mesa a Hawái. Primero, la mesa necesitaba ser menos pesada. Segundo, tenía que cambiar las patas a patas plegables. Tercero, necesitábamos una llanta que no fuera inflable. Ya había tenido que ir al hospital en Michigan dos veces para inflar la llanta. Bill estuvo de acuerdo conmigo, como de costumbre, e hice los cambios. Nos tardamos una o dos semanas, pero valió la pena.

Cuando recibí las piezas para las nuevas mesas estaba feliz. Estas nuevas mesas iban a ser mejores. Elegí una pintura más bonita (la primera fue pintada a mano con espray negro opaco… muy feo), diseñé una etiqueta muy profesional y también el mecanismo de freno era mucho mejor. Contraté a una empresa que podía diseñar una caja para las nuevas mesas, ellos me ayudaban mucho. Mi mesa estaba llegando a ser un producto del que podíamos estar orgullosos, ¡casi profesional!

Cuando las primeras mesas estuvieron listas para ser enviadas a Hawái, Bill dijo algo que me hizo pensar que yo estaría allí en Hawái con las mesas. Otra gran sorpresa. Bill era buen consultor y tenía buenas relaciones con la gente, pero a menudo olvidaba que yo estaba en la universidad además de trabajar. Bueno, sin problema, acordó ir a Hawái sin mí. Desempacar y armar las mesas iba a ser fácil.

En algún momento, Bill me dijo que debería planear hacer diez mesas por mes. Hasta ese momento, había pensado que después de cada tarea podría relajarme y enfocarme en la universidad, pero diez mesas por mes era mucho, especialmente para la pequeña oficina de Bill. Necesitábamos una fábrica. Le dije que ya estaba fallando en mis estudios y tal vez necesitaba dejar el trabajo. Podía ver que esto le preocupaba. Después de hablar, me dijo que contratara a otro empleado y, también, me dio un aumento de salario a 15 dólares por hora. Me puso tan feliz que estaba casi listo para dejar la universidad. Este trabajo se ponía interesante.

Contraté a un empleado que se convirtió en un empleado clave. Se llamaba Frank, me ayudaba mucho y siempre era positivo. En ese momento, Frank tenía la misma edad que tengo ahora, un jubilado que había regresado a trabajar.

Trabajamos juntos algunos meses haciendo y mejorando las mesas, pero supimos rápidamente, que hacer diez mesas por mes era un reto. Tuvimos que conseguir un espacio de trabajo diferente y crear un sistema para planear todo lo que íbamos a hacer. Incluso diseñamos un sistema para los pedidos; de esta manera podíamos ver la demanda de mesas.

Cuando el verano empezó, no pudimos hacer suficientes mesas. Le dije a Bill que necesitaba contratar a dos empleados más, y él me respondió diciendo que había contratado a un vendedor para vender más mesas. Entonces le pedí contratar a cuatro empleados más.

Comencé a hacer contabilidad también. Trabajé duro para entender las finanzas del producto, pero fue imposible superar el montón de trámites con los que tenía que lidiar. Decidí, finalmente, que tenía que dejar una clase, mi clase de contabilidad de costos, con la que más estaba luchando. Le dije a mi profesor que no podía seguir con su clase porque tenía demasiado trabajo. Él quiso saber más y una vez que entendió lo que yo estaba haciendo, cambió completamente de la clase original, una que se enfocaba en el libro de texto, a una en la que diseñamos un sistema de contabilidad para mi fábrica. Realmente fue un gesto muy amable, probablemente la única vez que un profesor hizo algo especial para mí durante mis 18 años de estudios. Por dos meses, los otros estudiantes diseñaron un sistema de contabilidad, empezaron a procesar las facturas y hacer otros trámites para mí y analizaron los costos de las mesas. Mis compañeros se emocionaron mucho con estas actividades, mucho más que con sus otras clases y me impresionó cuánto querían hacer un buen trabajo. Fue una experiencia excepcional.

Bill cobraba a los hospitales más o menos 5.000 dólares por mesa y determinamos que nos costaban más o menos 850 dólares cada una. Cuando se dio cuenta de que iba a ganar más de $4.000 por mesa, me dio otro aumento a 20 dólares por hora. Mi trabajo se había puesto aún más interesante.

Ese verano gané mucho dinero, construí muchas mesas y me divertí mucho. Frank y yo éramos un equipo y construimos veinte mesas en agosto. Incluso las ventas de los productos que hacía Ringo aumentaron mucho también, y se unió a nosotros en la fábrica. Bueno, su negocio ilegal creció también, la mayoría de mi equipo era su cliente. Sí, a veces había una densa nube de humo flotando alrededor de la fábrica, pero todo el mundo trabajaba duro y se preocupaba por la calidad de las mesas. Nunca tuve un problema con ningún empleado. Sabían que yo era novato, pero en vez de burlarse de mí por eso, me ayudaban. Me apoyaron mucho. Probablemente, en ese entonces lo di por sentado, pero ahora lo aprecio mucho. Supongo que así pasa, muchas veces no apreciamos lo que tenemos hasta más tarde.

Seguí trabajando durante el siguiente año de mis estudios. Durante ese segundo año, el equipo de la fábrica funcionó bien. Mi trabajo se había vuelto manejar los trámites, casi era el contador de la operación. Definía la tasa de producción, ordenaba las piezas, pagaba a los vendedores, pagaba los salarios y mantenía los libros de contabilidad. Incluso tenía tiempo para estudiar, otra sorpresa. En realidad, era Frank quien estaba a cargo del equipo y los detalles de la construcción de las mesas. Juntos hacíamos los cambios al diseño de la mesa y estábamos orgullosos del último diseño de nuestro producto. Todavía recuerdo la manera en que asentía con la cabeza cuando algo funcionaba bien. Buscaba mucho su aprobación.

Después de graduarme, tuve que dejar mi trabajo. Me despedí de mis empleados, Ringo y Frank. Me dieron una onza de marihuana como regalo de despedida, esto era una broma porque sabían que no me gustaba que fumaran en la fábrica. Gracias, mis amigos.

Me despedí de Bill también. Sé que en esta historia me burlé de Bill un poco, pero en realidad fue uno de los mejores jefes que tuve en mi vida. Cuando yo era joven, me permitía trabajar libremente, me apoyaba en todas mis decisiones y cuando le pedía más dinero, simplemente me preguntaba "¿Cuánto?". Era más un amigo que un jefe.

Todavía extraño a todos los que tuvieron que ver con esa experiencia.

Fue triste irme, pero también fue el momento justo. La demanda por las mesas estaba disminuyendo un poco y el equipo podía hacer todas las tareas sin mi ayuda. Me hacía sentir bien que mi diseño fuera un éxito y mi pequeña fábrica era un lugar serio, pero divertido al mismo tiempo, para trabajar. Sobre todo, aprendí mucho más en este trabajo de lo que aprendí en mis dos años de estudios en Ann Arbor.

En cuanto a mí, estaba listo para empezar mi futuro.

Roy Phelan

Un vuelo sencillo

Tengo un buen amigo que se llama Phil. Ha sido mi amigo desde mis primeros días en la universidad, hace más de cuarenta años. Phil y yo hemos tenido muchos viajes y aventuras juntos. Puedo contar historias donde él estuvo en la cárcel, yo estuve en la cárcel y donde ambos estuvimos detenidos en la aduana doce horas. Voy a guardar aquellas historias para otro día; ahora voy a contarte una historia sobre Phil y su primer vuelo solo conmigo.

En el año 1991, Phil obtuvo su licencia de vuelo y se convirtió en piloto. Cuando pasó esto, lo primero que hizo fue llamarme para decirme que ya podíamos ir de viaje juntos. Su idea era despegar de un aeropuerto cerca de donde vivía, en Chicago, y volar a un aeropuerto en el norte de Wisconsin, cerca del lago Superior, acampar allí una noche y regresar el siguiente día. Sin dudarlo, me apunté a la aventura. En ese momento vivía en Cleveland, así que me fui para Chicago enseguida.

Como nota al margen, tengo que admitir que no me gusta volar. Casi nunca he volado cuando no tenía que volar. He ido a Florida dos veces por año, por diez años, y manejé cada vez. Pero en este caso, era mi buen amigo y una buena experiencia juntos. Entonces, estaba listo. ¿Listo para qué? No tenía idea.

Cuando llegamos al aeropuerto, me sentía bien. Pero cuando Phil me mostró el avión, me quedé un poquito sorprendido. Era un avión con un motor y dos asientos. Sí, había entendido que el avión iba a ser pequeño, no había problema. Más la condición del avión era precaria. En primer lugar, era muy viejo y estaba sucio. Era alquilado, así que muchas personas lo habrían usado y abusado. Segundo —y más importante—, en mi opinión, no era de buena

calidad. Las puertas eran endebles y el fuselaje estaba oxidado, parecía un Volkswagen Escarabajo viejo.

Cuando entramos en el avión, Phil estaba un poco nervioso y serio. Era comprensible, porque era su primer vuelo solo. Pero repasó todos los controles y habló por la radio a la torre de control como un piloto veterano; manejó el avión hacia la cabecera de la pista y comenzó la cuenta regresiva. Cuando lo miré, pude notar que estaba preocupado y, por supuesto, esto me preocupó también. A pesar de eso, el despegue estuvo bien.

Cuando estábamos en el aire, pensé: "OK, esto es un poco estresante y quiero una siesta". Cuando cerré mis ojos, Phil me dio un mapa y me dijo:

—Tienes que navegar.

¿Qué? Yo estaba por relajarme, no quería trabajar. Entendí de inmediato que navegar un avión era un trabajo duro. Obviamente, no teníamos un sistema de GPS en este cacharro, por lo que tuve que mirar el mapa y la tierra todo el  vuelo. Fueron cinco horas de: "¿Dónde está este camino?, ¿Dónde está esta ciudad?, ¿Dónde está esta vía del tren?". Varias veces estuvimos un poco perdidos, pero finalmente encontramos nuestro destino.

La pista de aterrizaje estaba al otro lado de un río y un acantilado. No pude advertir ningún problema, pero al mirar a Phil, vi que sudaba profusamente.

—¿Por qué estás tan preocupado? —le pregunté, y me respondió:

—Porque si vuelo demasiado bajo, vamos a chocar directamente contra el acantilado.

Inmediatamente, por supuesto, comencé a sudar yo también. Aun con el corazón detenido, aterrizamos al primer intento, con mucha tensión, pero al final, no hubo problema.

Para acampar, fuimos al bosque y alquilamos una canoa. Nos quedamos en una isla en el río aquella noche. No dormimos bien porque oímos a otros acampantes golpeando ollas y sartenes toda la noche. Si, había osos en el bosque. Temprano por la mañana, nos fuimos al aeropuerto.

El vuelo de regreso fue normal hasta que llegamos a nuestro destino. Cuando el controlador de tráfico le dijo a Phil cuál era su pista de aterrizaje, se preocupó mucho. Me dijo que había viento cruzado allí. Oh, no, el sudor empezó a fluir otra vez. Tuvimos tres aterrizajes fallidos: dos intentos cuando Phil salió del aterrizaje antes de tocar la tierra, y uno después de chocar contra la tierra tan fuertemente que rebotamos arriba y fuera de la pista. En nuestro intento final, rebotamos contra el suelo tres veces y terminamos en la hierba entre dos pistas de aterrizaje, ninguna de las cuales era nuestro objetivo original. Creí que el avión se iba a descomponer, pero el Volkswagen Escarabajo hizo bien su trabajo. Al final, me encantó este soldado viejo.

No necesito decirte que no he volado con Phil por un largo tiempo. Lo siento, pero este vuelo fue suficiente para mí.

Dave Frost

Mientras crecíamos, mis dos hermanos y yo siempre hacíamos deportes. A veces era un deporte bien conocido, como fútbol americano o béisbol, y otras, inventábamos juegos también. Por ejemplo, jugábamos mucho en nuestro sótano y a menudo eran juegos donde usábamos pelotas. Nos gustaba lanzar pelotas, especialmente entre nosotros. Nos divertíamos mucho en aquellos días. Pero, siempre tenía la sensación de que nuestro sótano estaba 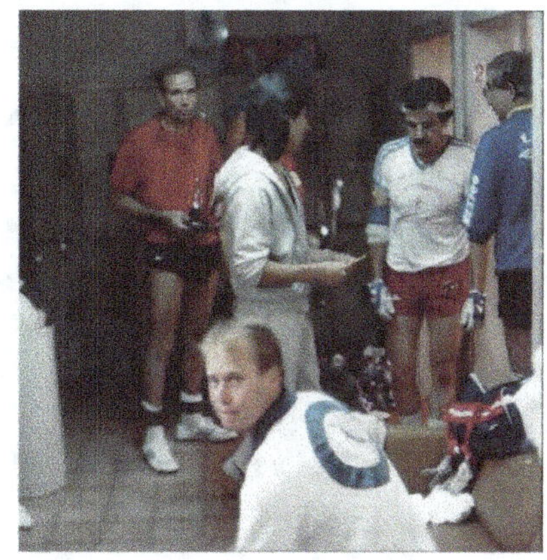 demasiado lleno de cosas que nos estorbaban. Había muebles, un vertedero de ropa, ventanas y otras cosas que hacían que la pelota fuera en direcciones inesperadas. Me frustraba.

En respuesta, a menudo imaginaba que podíamos jugar, a veces vivir, en el gimnasio de una escuela o en otro lugar donde no hubiera cosas que nos estorbaran. Era algo en lo que pensaba mucho.

Años más tarde, cuando estaba en la prepa, un amigo me dijo que había un deporte en el YMCA y que debía ir con él para jugarlo.

—Bueno —le respondí. Siempre tenía tiempo para los deportes, ¡vayamos ya! Llegamos al YMCA y entramos a la cancha. Apenas entré, creí que había llegado al paraíso y encontrado la respuesta a mis sueños. La cancha era perfecta. Tenía cuatro paredes de color blanco puro sin ventanas, un piso de madera perfecto, incluso había una perilla en la puerta que no sobresalía, ¡incluso la puerta era completamente plana! Me encantó este deporte incluso antes de jugarlo.

Por supuesto, lo amé aún más después de jugarlo. La primera vez pude golpear la pelota tan duro como me fue posible y, sin miedo, correr alrededor de la cancha persiguiendo la pelota hasta que mis pulmones 

ardieran. Además, me sentía a mis anchas en esa cancha, un lugar donde no hay nada excepto dos jugadores, una pelota y que gane el mejor jugador. No había ningún lugar donde esconderse. Sentí que estaba en mi hogar. ¿Qué podía haber sido mejor? Seguramente este nuevo

deporte, Pelota Irlandesa (Gaelic Handball, en inglés), sería una parte importante de mi vida. Es un deporte en el que golpeas una pequeña pelota de goma con las manos, y creo que se originó en Irlanda (no es el *handball* de equipo que se juega en los juegos olímpicos). No es un deporte popular hoy en día, pero hace 30 años o más tenía un grupo de jugadores y seguidores muy leal.

Después de esta introducción, jugaba siempre que podía. Jugaba solo, con mis amigos y con cualquier persona que encontrara en la cancha. Descubrí que había torneos y gané el campeonato de la universidad tres veces. Después de mudarme a Ann Arbor, encontré a otros jugadores y más competencias. Cuando nos mudamos a Los Ángeles, encontré más jugadores y participaba en muchos torneos. Me había vuelto adicto.

Los torneos se dividían en grupos o niveles de edad y capacidad. Eventualmente logré el nivel más alto, el "nivel abierto". Aunque había tenido éxito en los niveles más bajos, nunca logré mucho éxito en el nivel abierto, especialmente en mi primer año. Generalmente, tenía que jugar contra un jugador clasificado, a veces un profesional, y perdí muchas competencias en la primera ronda. Tal vez, si hubiera podido dejar mi carrera profesional para entrenar más, hubiera ganado más partidos. Pero esto era sólo un sueño. Emocionalmente, el handball era más importante que mi carrera profesional, pero afortunadamente, mi lado racional guiaba mis decisiones.

Después de una de mis eliminaciones abruptas en la primera ronda de un torneo en Orange County, un muchacho que había mirado el partido me dijo:

—Buen intento, ¿juegas dobles?

Le dije que no, que sólo jugaba individuales.

—¿Vas a jugar en Sacramento? —me preguntó.

Los campeonatos del estado de California iban a ser dos semanas más tarde, en Bakersfield.

Le dije que sí, iba a jugar individuales en Sacramento. Luego me dijo:

—¿Por qué no jugamos dobles juntos allí?.

Le dije que no jugaba muchos dobles y tenía que pensarlo, pero persistió.

—¿Vas a manejar seis horas a Bakersfield para perder en la primera ronda de individuales? Te he observado muchas veces y tienes una derecha al nivel de abierto, pero tu revés no está al nivel abierto. Si jugamos juntos podemos hacerlo bien. Voy a anotarnos. Si no quieres jugar, llámame.

Bueno, tengo que hacer una pausa aquí para que echemos una mirada a esta situación. Acababa de perder un partido en la primera ronda otra vez, y no estaba feliz. De hecho, estaba molesto, y aquí está este muchacho desconocido, de pelo rubio, ojos azules, piel bronceada y una panza demasiado grande para ser atleta. Nunca lo había visto antes y conocía a casi todos los buenos jugadores. Como si nos hubiéramos conocido años atrás, me estaba hablando sobre mis habilidades y debilidades sin vacilación y no me hizo sentir mejor que tuviera razón. Me asustó un poco que un muchacho me hablara así, con demasiada franqueza. Pero, al mismo tiempo, tenía un aire de confianza combinado con una falta de ego que era agradable.

Tuve que aceptar que tenía un buen punto y, por lo tanto, decidí jugar dobles con él en Sacramento. Practicamos juntos algunas veces en el gimnasio donde entrenaba. No me molestaba que estuviera a más de una hora de mi casa, porque era donde muchos de los profesionales jugaban. Después de conocerlo, me caía bien, y me di cuenta de que conocía a muchos de los jugadores que yo conocía. Además, me gustaba su estilo en la cancha, era un contraste del mío. Mi estilo era ofensivo, siempre intentaba anotar el punto tan pronto como fuera posible. Por otro lado, los fuertes de Dave eran su habilidad defensiva y su paciencia; aunque no fuera del todo de nivel alto, hacíamos un buen equipo. Yo sería la espada, él sería el escudo.

Acordamos jugar en el nivel A, un nivel más bajo del abierto, donde Dave se sentía más cómodo. Fuimos a Bakersfield juntos y, sin duda, el viaje fue más divertido con un amigo. Hasta nuestro primer partido, creía que Dave estaba relajado. Cuando llegamos a Bakersfield, fuimos directamente a ver el sorteo donde todo el mundo podía ver contra quién jugaría. Cuando vimos quiénes serían nuestros adversarios, Dave me explicó cada una de sus habilidades y debilidades, luego me dijo exactamente cómo íbamos a jugar contra ellos. Recuerdo bien esta conversación; Dave hablaba y, aunque lo que me dijo tenía sentido, no me lo tomé en serio. Además, no me interesaba mucho, porque tenía un partido de individuales que jugar antes de nuestro partido de dobles.

Fui a jugar mi partido de individuales y no me tomó mucho tiempo, lo perdí sin mucho drama. Si no hubiera entrado a dobles con Dave, la competencia ya hubiera terminado para mí, en concordancia perfecta con su predicción.

Dave y yo tuvimos nuestro primer partido el sábado por la mañana. Dave me recordó nuestra estrategia, la escuché y estuve de acuerdo. Creí que no iba a haber ningún problema, porque sólo era la primera ronda de nivel A; estaba listo pero relajado. Al comenzar el juego, devolví el primer servicio de nuestros contrincantes, fue un buen golpe y ganamos el primer punto. Pero Dave me dedicó una mirada fulminante y le pidió al árbitro un tiempo afuera. ¿Después de un sólo punto, un descanso? Qué raro y extremo. Sin embargo, durante el descanso Dave me regañó por el golpe. Sí, mi golpe había sido exitoso, pero había golpeado la pelota en dirección al jugador más fuerte, contra la estrategia que Dave había establecido. Normalmente, no prestaba mucha atención a la estrategia en mi manera de jugar. Era más oportunista, prefería jugar siempre a mi estilo, ganara o perdiera. Dave se enojó conmigo y estaba serio; pude ver que tomaba su estrategia seriamente y quería ganar de la manera más efectiva. Me puse mucho más serio en la estrategia después de nuestra corta plática de una sola dirección.

Después de ganar este primer partido, más o menos fácilmente, Dave me dio un sermón. Me dijo que debíamos tratar cada partido, cada punto, como si fuera importante. No quería malgastar ningún punto, no quería darle una oportunidad a ninguno de nuestros adversarios. A lo largo de nuestros partidos, Dave tuvo muchos consejos para mí. A veces me decía "buen golpe", pero la mayoría de sus consejos eran para mejorar el nivel de nuestro juego. Sus expectativas eran altas.

Su nivel de juego era decente, pero la fuerza de su personalidad era impresionante. Generó un ambiente de agresividad, de intensidad, de fortaleza y de dependencia en jugar inteligentemente y con paciencia. Yo podía ver que Dave usaba todas sus habilidades para jugar mejor y comencé a aprender que la mente era algo mucho más importante de lo que pensaba. Siempre había creído que tenía fortaleza e intensidad en mi juego, pero Dave sacó lo mejor de mí. Entendí que la agresividad sin inteligencia era poco efectiva, y gradualmente comencé a jugar mejor gracias a que Dave me enseñó que la fortaleza y la paciencia van juntas.

Dave era albañil. Nunca había ido a la universidad, y mientras jugamos juntos nunca tuvo un trabajo fijo. Pero como se puede ver ahora, a pesar de que yo era el mejor jugador, Dave era el líder de nuestro equipo y yo estaba contento con eso. Lo que encuentro interesante es que yo tenía la educación, la carrera profesional, las habilidades más importantes en la cancha, pero él se puso al mando sin vacilar. Con su ayuda me di cuenta de que mi mente vagaba mucho durante mis partidos y de que podía jugar mejor con más disciplina. Además, Dave tenía un estilo de liderazgo que me gustaba, no tenía ego, simplemente quería ganar. Algunas personas me preguntaron por qué nunca busqué a un mejor jugador para ser mi pareja de dobles y era simplemente porque no quería otro, estaba perfectamente feliz con Dave y esperaba ganar muchos partidos con él a mi lado.

Ganamos el resto de nuestros partidos en Bakersfield y logramos el primer lugar en la competencia. Éramos campeones del estado de California en dobles, nivel A, un buen título. Entramos y ganamos las últimas cuatro competencias en California también. Nos divertimos mucho. Manejamos juntos a lugares como San Diego, Santa Bárbara, San Francisco y Las Vegas, a veces con mi esposa. Dave era encantador y respetuoso con ella, que incluso le permitió quedarse en la misma habitación con nosotros. Sí, Dave era codo, pero tenía una excusa: sólo ganaba el salario de un obrero de construcción.

Después de esto, nuestro éxito nos trajo un problema: ya no podíamos jugar en nivel A. Había un sistema de clasificación y, como teníamos demasiados puntos en el nivel A, teníamos que jugar en nivel abierto. Yo ya prefería jugar en nivel abierto; de hecho, otros jugadores se quejaban de que yo ya no debía seguir jugando en nivel A, dobles ni individuales, entonces estaba más cómodo en nivel abierto. Por otro lado, Dave sabía que el nivel abierto iba a ser un reto y que nuestros oponentes iban a enfocarse en él.

No es necesario decir que perdimos nuestros primeros partidos. Al mismo tiempo, mejoramos. Después de las primeras tres o cuatro competencias, comenzamos a ganar algunos partidos, dependiendo contra quien jugábamos. Ganamos confianza y nos hacíamos más fuertes.

Después de jugar en nivel abierto más de un año, hubo una competencia en La Playa de Rosarito, México. Era el primer Campeonato de Dobles de América del Norte y había algunos equipos buenos inscriptos, pero, como era un nuevo torneo —y porque era en México—, algunos de los mejores equipos no participaron. El campo estaba abierto y vimos una oportunidad.

Jugamos bien el viernes y el sábado, y logramos llegar a las finales del domingo. El sábado por la noche fuimos a un restaurante y después a algunos bares, celebramos un poco. Durante el camino de regreso al hotel, quise comprar algunos tacos de un camión de comida. Mi esposa y Dave me dijeron que no debía hacerlo, porque esos camiones no estaban limpios e iba a enfermarme. "No se preocupen", les dije, "he trabajado en México por un año y nunca me enfermé. Tengo un estómago de hierro". Entonces, los compré y los comí. Estaban ricos.

Todo estuvo bien hasta la mañana siguiente cuando abrí los ojos y me di cuenta de que no me sentía bien. De repente, tuve que ir al baño y me quedé allí un rato esperando inútilmente sentirme mejor. Cuando mi esposa notó que yo estaba enfermo, quería regresar a casa, pero yo todavía quería jugar las finales. Cuando vimos a Dave, su mirada de decepción lo dijo todo. Yo estaba muy arrepentido, más no había nada que pudiera hacer. Fuimos al gimnasio y cuando el partido comenzó, me sentí peor. Tuve que tomar todos los descansos que podía y en cada uno corría al baño. Nuestros contrincantes pensaron que la situación era chistosa. Dave y yo no estuvimos de acuerdo con ellos. Tenía fiebre y quería ir a la cama, Dave simplemente me miraba con decepción. Arruiné nuestro partido más importante.

No es necesario decir que perdimos terrible y rápidamente. Nuestros oponentes jugaron bien y fueron campeones de América del Norte, Dave y yo tuvimos que conformarnos con el segundo lugar. Estábamos decepcionados, más por la manera en que perdimos que por los resultados.

Dave y yo seguimos jugando con mucho éxito en nivel A, pero poco en nivel abierto. Jugar con Dave mejoró mucho la experiencia de participar en los torneos, lo hicimos tanto como pudimos durante algunos años más. Con seguridad puedo decir que me hizo un mejor jugador. Y nos hicimos buenos amigos en el proceso.

Eventualmente Dave se mudó a Seattle y, más tarde, Debbie y yo nos mudamos a Cleveland. Desde entonces, perdimos contacto. He buscado a Dave sin éxito algunas veces. Probable y tristemente, no lo volveré a ver. Pero nunca voy a olvidar a mi pareja de dobles favorita y un hombre que me enseñó mucho.

Nota: ¿Cuál es la moraleja de esta historia? Es obvio: No comas tacos de un camión en México.

No juzgues un libro por su portada

En los años ochenta vivía en un pueblo de playa cerca de Los Ángeles. En aquellos días, era un atleta dedicado. Practicaba mi deporte favorito, el handball. Por supuesto, tenía una carrera desafiante y una familia, pero el handball era muy importante y divertido para mí, entrenaba y practicaba casi todos los días. Competía en ligas y en tantos torneos como podía, unos 8 a 10 por año, cuando la familia y la chamba me lo permitían. Vivía para jugar mi deporte.

Había una comunidad de mexicanos (mexicanos americanos) que jugaba al handball junto a los gringos como yo. En general, todo el mundo se llevaba bien, todo el mundo hablaba con y jugaba contra cualquiera. En ese entonces tenía jugadores mexicanos que eran conocidos, pero nada más.

En los torneos tuve que jugar tres o cuatro veces contra un mexicano, David Morones. David tenía mucho éxito en las competencias. Con casi diez años más que yo, todavía era un jugador experto. Cada vez que jugué contra Dave fue competitivo, pero me ganó cada vez. Era serio y tranquilo, por lo que nunca platicamos mucho, a menos que fuera sobre un punto del partido. Creía que no me notaba mucho, que era sólo otra victoria en su larga lista. He jugado contra otros mexicanos también y mi relación con ellos era casi igual.

Por esa época, hubo un accidente de avión en San Francisco en el que todos los pasajeros murieron. La lista de pasajeros fue publicada en los periódicos y en ella había un hombre que se llamaba Roy Phelan —sí, igual que yo. Recuerdo que mi madre me llamó con urgencia al día siguiente, estaba muy preocupada, sus amigos le habían informado que un Roy Phelan había muerto. Después de casi tener un infarto, hablamos por teléfono y se tranquilizó. Parecía que nadie más había notado la casualidad hasta la noche. Esa noche, nuestro teléfono sonó y cuando contesté, era David Morones. Qué sorpresa, ¿qué podía querer? Me dijo que él y algunos otros jugadores habían visto mi nombre en la lista de los muertos. Me dijo que todo el mundo en su gimnasio en Compton estaba preocupado por mí y querían desesperadamente saber si todavía estaba vivo. Cuando supo que yo estaba bien, que era mi tocayo, me dijo que se encargaría de comunicarlo a todos, que no necesitaba llamar a todo el mundo. Por supuesto, en mi mente no tenía ni idea a quién llamaría, pero fue muy amable. Me dio la impresión de que él creía que era una preocupación para muchas personas. Me conmovió profundamente que una persona que no conocía demasiado me llamara para saber si estaba bien.

En contraste, unos días más tarde, cuando llegué a mi propio gimnasio con mis supuestos buenos amigos gringos, un hombre me dijo mientras pasaba:

—Oh, ahí está Roy, no está muerto. Oye Roy, alguien me dijo que moriste.

Oh, gracias buen amigo por tu preocupación.

La siguiente vez que vi a David —creo que tuve un partido de liga en su gimnasio—, me acerqué a él y lo saludé. Tuvimos una buena plática, estaba claramente emocionado de verme. Me invitó a su gimnasio para jugar con él y otros. Por supuesto, le dije que sí. Después de visitar su gimnasio unas cuantas veces, me sentí como un miembro de la comunidad de handball mexicano. Supe que David era un hombre especial, me ayudó con mis habilidades de handball a menudo después de esto. Todavía recibo tarjetas navideñas de la familia Morones.

Basta pensar que alguien tenía que morir para que lleguemos a ser amigos.

Roy Phelan

Una experiencia española

Mientras estudiaba en la universidad, normalmente trabajaba cada verano. Me gustaba mucho trabajar en aquella época, pero el verano posterior a mi tercer año de la universidad, decidí que se me acababa el tiempo. Entendía que iba a trabajar por el resto de mi vida después de graduarme el siguiente año, y por eso necesitaba hacer algo diferente, necesitaba una aventura. Entonces hablé con algunos amigos y encontré uno que quería ir a Europa  de mochilero. Me enamoré de la idea, sería un gran viaje. Podíamos comprar un pase ferroviario y con eso viajar a cualquier lugar en Europa por sólo el costo del pase. Íbamos a ir a Inglaterra, Francia, Italia, Austria, Alemania, Noruega, Bélgica, Suecia, España, Marruecos y otros países. ¿Qué otra aventura podría haber sido mejor?

El viaje comenzó bien en Inglaterra y después fuimos a Bélgica y Francia. La Europa de ese entonces me interesaba más que la Europa de hoy. En el año 1976 las costumbres y la ropa de cada país eran únicas y todavía muy diferentes. Por ejemplo, en España, todos los hombres llevaban pelo corto con mucha crema, jeans nuevos no decolorados (azul oscuro, algo  que nunca me habrían visto llevando ni muerto en ese entonces) y zapatos negros con tacones altos. Las muchachas llevaban vestidos de colores y patrones tradicionales. En Holanda, aún se podían ver zuecos de madera de vez en cuando. Era más tradicional y diverso que hoy.

Mi amigo y yo nos veíamos como americanos típicos. Aunque fuimos inmediatamente después de la desgracia del presidente Nixon y los horrores que infligimos en Vietnam, no intentamos esconder que éramos estadounidenses. Éramos inocentes y —aunque no lo hubiera admitido en ese entonces— éramos ingenuos también. Físicamente nos destacábamos vistiendo pantalones cortos o de campana, zapatos de baloncesto, calcetines blancos y playeras. También llevaba el pelo largo y rubio sin crema. Éramos mucho más altos que la mayoría de las personas también. Nos sentíamos como frijoles en el arroz.

Las cosas fueron bien en las primeras semanas del viaje. Fuimos a Inglaterra, Francia y España, desde España fuimos a Marsella, en el sur de Francia. Allí, conocimos a dos muchachas de Austria en el hostal. Inmediatamente se unieron a nosotros; se habían enterado de que Marsella era un lugar peligroso y no querían ir a muchos lugares solas. Bueno, es lo que nos dijeron. Claro, mi compañero y yo las aceptamos como amigas viajeras. Conocer a una persona de otro país era interesante, especialmente si eran chicas. Nos divertimos mucho.

Gradualmente, mi amigo y una de las chicas llegaron a enamorarse. Esto me dejó con la otra chica. No había chispas entre ella y yo, pero nos llevábamos bien, nos reíamos un poco sobre qué tan a menudo nuestros amigos se besaban. Aunque nos reíamos, la situación no era cien por cien cómoda, pero tenía que apoyar a mi amigo. Sabía que, si los puestos hubieran estado invertidos, habría esperado lo mismo de él. Después de más o menos una semana de su enamoramiento, "mi" amiga me dijo que tenía que volver a Austria. ¿Fue algo que dije o hice? Nunca lo sabré. Estaba un poco decepcionado, pero no fue un gran problema. Me caía bien, pero como no era una relación romántica, no perdí mucho. Después de que ella se fue, nosotros tres seguimos divirtiéndonos juntos por un tiempo más. Pero mis amigos se enamoraron más y más profundamente. Me sentí como si estuviera estorbándolos. Además, no ayudaba mucho a la conversación cuando las bocas de las dos otras personas estaban cerradas con llave la mayoría del tiempo. Entonces, se volvió un poco incómodo para mí y decidí dejar a los dos amantes solos. Hablé con mi amigo —que, por supuesto, no quería separarse de su nuevo amor—, y me entendió; claro que no iba a extrañarme en ese momento. Así que decidí irme sólo. Acordamos reunirnos en Barcelona una semana después, elegimos un hotel de nuestro libro de viaje y un día y hora específica. No teníamos un plan B por si no nos veíamos en el lugar planeado. Recuerda que no había celulares en aquellos días, por lo que una vez que hacías un plan, tenías que mantenerlo.

En ese momento estaba en el sur de Francia y muy decepcionado con mi francés. Aparentemente dos años de francés en la prepa no es suficiente para decir nada, y probablemente por eso quería irme de Francia. Decidí tomar un tren nocturno hasta el destino final. De esta manera, podía ahorrarme el pago de un hotel. El tren me llevó a la ciudad de Algeciras, en España. Algeciras es una pequeña ciudad de playa justo enfrente del Peñón de Gibraltar. Se podía ver el grande y bonito peñón, y la playa era grande pero no tan turística; con seguridad no había norteamericanos por ningún lado.

Entonces, llegué a Algeciras en la mañana, encontré un hotel y fui a la playa. Me quedé allí por un rato sin saber cómo iba a pasar el tiempo solo, y empecé a arrepentirme de mi decisión de abandonar a los dos amantes porque estaba empezando a sentirme solo, sólo unos minutos después de tener tiempo libre. Luego, después de menos de una hora, vi a tres muchachas en un bote de remo tratando de llevar el bote más allá de la rompiente. Aunque las olas no eran grandes, sus esfuerzos eran inútiles. No sabían lo que hacían y fue un poco cómico, mucha risa se escuchaba proveniente de ese barco. Cuando se dieron por vencidas, regresaron a la playa. Bajaron del bote y estaban hablando entre ellas cuando una notó mi presencia y comenzó a acercarse a mí y hablarme. Le dije que no sabía hablar español, al parecer no me entendió, pero, sin vacilación, cogió un remo, me lo dio y señaló el bote. Su solicitud era clara. No le importaba que no supiera hablar español, quería que yo remara en el bote para ellas.

Bueno, tomemos un momento aquí para entender mejor lo que estaba sintiendo en ese momento. Acababa de pasar la noche en un tren donde no había dormido bien, estaba en un lugar remoto y extranjero y estaba completamente sólo, no sabía hablar el idioma local y no tenía ninguna idea de cómo iba a pasar el día. Luego, una muchacha verdaderamente guapa, casi una visión de belleza, estaba pidiéndome ayuda. Podía haberme pedido saltar de un puente y lo hubiera hecho. Por supuesto que iba a ayudarlas.

Aunque yo no hablaba español y ellas no hablaban inglés, nos divertimos. Pude llevar el bote remando sobre las olas rompientes hasta el agua tranquila con sorprendente facilidad, y ellas disfrutaron diciéndome hacia donde remar. Las primeras palabras españolas que aprendí fueron "más rápido", y las decían con mucha risa. Fue claro que ellas notaron que todo de mí era diferente: mi ropa, mi piel, mi altura, mi pelo. Pero lo que me sorprendió era que se comportaban como si fuéramos grandes amigos. Quizá el sentido era un poco diferente, me trataban como un nuevo juguete que encontraron en la playa. Pero no me molestaba para nada, estaba feliz por la atención.

En el bote, aunque hacía todo el trabajo, no era el capitán. La muchacha que me habló primero era la capitana. Supe más tarde que las otras eran su hermana menor y su amiga. Ella tenía más o menos 19 años y se llamaba Lorena. A diferencia de muchas españolas, era rubia y un poco más alta que la muchacha española promedia. Lo que noté especialmente en este viaje en barco, era que claramente las chicas se amaban mucho. No puedo decir precisamente lo que hacían para darme esta sensación, pero lo sentía. Las hizo aún más atractivas.

Después de volver a tierra, Lorena me llevó a una tienda donde había una persona que hablaba inglés. Con la ayuda del traductor, me invitó a ir a su casa para cenar con su familia. Me dijo que alguien me recogería en mi hotel. Esta muchacha era directa. Desde el momento en que la vi, ella me decía lo que tenía que hacer y, por supuesto, me gustaba, la hubiera seguido a cualquier lugar. Estuve listo a tiempo y estaba esperando a Lorena cuando un camión llegó con un anciano. Lo vi hablando con los empleados del hotel; luego me señalaron y caminaron hacia mí. El empleado me dijo que fuera con ese hombre. Entonces, me presenté en inglés y él se presentó en español. El empleado me dijo que subiera en el camión y nos fuimos. En el camión no hablamos nada. Me preocupé un poco por mi seguridad, pero ese hombre era casi un pie más bajo que yo y por eso creí que todo estaría bien.

Cuando llegamos a la casa, toda la familia de Lorena estaba afuera para recibirnos. Lorena, su madre, tres hermanos y dos hermanas. Lorena era la mayor de seis hijos.

Deduje, eventualmente, que mi conductor era su padre. Su hermano de trece años, que estudiaba inglés en la escuela, era nuestro traductor. Dijo algunas cosas locas en inglés, pero era mucho mejor que nada.

Todos estaban emocionados de conocerme, especialmente los niños. Me decían:

—¡Eres muy alto! ¡Eres muy alto!

Después de presentarnos, entramos en la casa. La casa era pequeña para tantas personas, pero muy limpia y bonita. Cenamos un guisado de pollo que todavía puedo recordar por lo rico que era. Hubiera comido todo el plato principal porque en aquella época comía un montón de comida, pero tuve que ser educado. Claro, quería dar una buena impresión a la familia de Lorena.

Durante la cena vi que su hermano mayor tenía un yeso en el pie y la pierna. Con dificultades, supe que era un problema para el padre y su negocio y que necesitaba ayuda. Por supuesto, ofrecí mis servicios. Después de una conversación larga, de la que no entendí nada, todos estuvimos de acuerdo en que lo ayudaría.

Después de cenar, Lorena, todos los niños y yo dimos un paseo. Las dos hermanas de Lorena tomaron mis manos y se apoyaron en mí todo el camino. Hubiera preferido tomar la mano de Lorena, pero sus hermanas eran especiales también. Me gustó la atención y el sentimiento de ser un miembro de su familia.

La mañana siguiente, el padre me recogió muy temprano en su camión para trabajar. Apenas podía abrir mis ojos. Primero, fuimos a un mercado grande de vegetales y frutas. El padre señaló cajas de papas, tomates y otros vegetales y yo las llevé al camión. Cuando finalizó los negocios, fuimos a muchos restaurantes y tiendas. Cada lugar era lo mismo, la persona en la tienda decía al padre:

—Tienes un hijo nuevo, qué alto, ¡qué blanco!

Los españoles son muy chistosos. Me encantó mucho este trabajo, fue cien veces mejor que visitar un museo como turista. El padre y yo nos hicimos amigos. No tuvo que levantar una caja en todo el día porque las levanté todas. Me sentí como una parte de la vida española.

Cuando me dejó en el hotel, me dijo que Lorena iba a verme más tarde. Bueno, finalmente solo con Lorena, estaba emocionado. Me bañé, arreglé mi pelo y me puse mi mejor ropa. Cuando la vi, estaba tan bonita como el día anterior. Llevaba un vestido tradicional y zapatos negros, como todas las españolas. ¡Qué visión! Pero, hubo un problema. ¡Llevó a todos sus hermanos también! Me dijo que tenía que cuidarlos cada tarde. Imaginé algo un poco más íntimo, pero no hubo problema, porque a mí me gustaban los niños también.

Resulta que tuve tres días como este, trabajé con el padre, cuidé a los niños, cené con la familia y después, dimos un paseo hasta el hotel con Lorena y un miembro más de su siempre presente familia. El último día, las cosas fueron un poco diferentes. Normalmente, Lorena me despedía cerca del camión en presencia de su padre, pero esta vez entró conmigo al hotel. Allí, tomó mis manos y me dio un largo discurso. No entendí ninguna palabra, pero imaginé que ella se sentía igual que yo. No quería despedirse de mí, pero entendió que tenía que irme. Era seria y sincera. Si me hubiera pedido quedarme más, hubiera sido difícil rechazar su oferta. Muy difícil.

Luego, todavía sosteniendo mis manos, me besó. Fue breve e inocente, pero nunca voy a olvidar la sensación de sus labios sobre los míos. Creo que hubo lágrimas en sus ojos, tal vez en los míos también. Se fue y nunca la vi otra vez.

Al día siguiente, tomé el tren. No recuerdo mucho de mi regreso, excepto la sensación de estar aún más sólo. Había estado en otro mundo, un paraíso. Parecía imposible regresar a la realidad. Eventualmente, me reuní con mi amigo y, más tarde, finalicé mi viaje. Hicimos muchas cosas interesantes durante el resto del viaje, pero nunca pude dejar de pensar en Lorena. Ni siquiera cuatro días en Ámsterdam y un viaje hasta el Círculo Polar Ártico con dos chicas holandesas pudieron hacer que la olvidara.

Cuando volví a mi vida en los Estados Unidos, tuve buenos y especiales recuerdos de un pueblo cerca de la playa en España. No puedo decir que nunca me arrepentí de salir de este pequeño pueblo cerca del mar tan abruptamente, pero siempre supe que era lo mejor. En ese entonces era ambicioso y nunca hubiera sido feliz en un pueblo tan pequeño. Sabía que Lorena nunca hubiera sido feliz sin su familia tampoco. No, las cosas terminaron bien para mí. Conocí al amor de mi vida algunos años después y estoy contento.

Años más tarde, después de que nos graduamos, me reuní con Peter para ponernos al día y me contó una historia interesante. Aparentemente, después de graduarse, se dio cuenta de que era gay. Me sorprendió mucho, porque tenía mucho éxito con las chicas. Me dijo que se mudó a San Francisco y estaba intercambiando cartas con su enamorada de Europa, omitiendo el hecho de que era gay. Luego, un día escuchó a alguien tocando a su puerta y no era otra que su ex amante. ¡Había viajado al otro lado del mundo para verlo! Obviamente, sorprendió mucho a Peter, quien tuvo que explicar a la chica que besó por toda Europa que era gay. Debe haber estado más que decepcionada. Ahora Peter vive en Phoenix con su pareja, un hombre tailandés. ¿Es irónico? Quizá, pero mucho en la vida es así.

La Sobredosis

Probablemente ya te habrás dado cuenta de que siempre soy el héroe de mis historias. Normalmente, tratan de algo que logré, o algo que hice bien. Pero, en la vida real, claro que también he cometido errores y tomado malas decisiones. Sí, es difícil de creer en un hombre de mi talla, pero es la verdad. Si tienes estima por mí ahora, después de leer esta historia tal vez tu opinión habrá cambiado. A pesar de que no estoy orgulloso de ella, la historia debe ser contada.

Cuando tenía veintitrés años conocí a una muchacha, Monica, de más o menos mi edad. La conocí por un amigo mío, Phil. Phil y Monica eran salvavidas algunos veranos en las playas cerca de Chicago. Los tres salíamos juntos algunas veces y siempre pasábamos un buen momento. Ella era muy divertida y, generalmente, Phil y yo podíamos convencerla de hacer cosas que a ella no le gustaban y, por eso, era cómplice involuntario de nuestras aventuras. Pero con seguridad nos divertíamos más con ella.

Monica era nadadora competitiva. Había nadado para el equipo de su universidad: La Universidad de Illinois. Tomaba su puesto como atleta seriamente, siempre se entrenaba y estaba en buena forma. Después de graduarse de la universidad, se mudó a Ann Arbor para obtener una maestría en fisiología del ejercicio y entrenar para carreras de natación de distancias largas en aguas abiertas.

Era guapa, alta, rubia, en forma perfecta y siempre bronceada. Ya sé lo que estás pensando, sí, estaba fuera de mi alcance, fuera de mi liga. Pero su personalidad era lo que destacaba más: extrovertida, amable, chistosa, informal, tenaz y siempre con una sonrisa. Un minuto se burlaba de ti y al otro, te apoyaba. Nunca hubo un momento aburrido con ella.

Después de mudarse a Ann Arbor, me llamó porque yo ya había estado viviendo allí por un año. Nos juntábamos y disfrutábamos mucho de nuestra mutua compañía.

En sus primeros meses en Ann Arbor, estuvimos juntos siempre. Salíamos juntos, nos ejercitábamos juntos, mirábamos la televisión juntos y tomábamos demasiadas cervezas juntos. A veces, durante los fines de semana, íbamos a la costa oeste para acampar cerca del lago Michigan. En esos viajes, ella se despertaba temprano en la mañana para nadar en el lago. Nadaba por horas y después corríamos en las dunas de arena juntos. En las noches, hacíamos una fogata, cocinábamos mal algo y hablábamos por mucho tiempo. Dormíamos uno al lado del otro en la parte trasera de su camioneta.

Después de estar tal vez algunos meses en Ann Arbor, me dijo que tenía un nuevo novio. ¿Qué? Eso fue rápido.

—¿Ya sales con alguien? —le pregunté con asombro.

Estaba un poco decepcionado, tal vez tenía sentimientos por ella, pero, como siempre, me moví demasiado despacio. Pensé que probablemente me olvidaría.

Para mi sorpresa, siguió llamándome. Cuando tenía una noche libre, más o menos una o dos veces por mes, me llamaba y siempre estaba feliz de oír su voz. Seguíamos divirtiéndonos. Vi a su novio algunas veces y, aunque me caía bien, nunca fui invitado a un evento con los dos. Él era entrenador de natación para el equipo femenil de la universidad de Michigan y sabía que ambos irían a fiestas con este equipo y, claro, quería ir para conocer algunos de sus miembros, pero nunca sucedió.

De todos modos, esta situación siguió por más de un año. Un día, Monica me llamó y me dijo que su novio se había ido por una semana.

—Bueno —le dije—, ahí voy.

No recuerdo lo que hicimos la primera noche, en ese entonces íbamos a algún bar o a ver una película. Pero la segunda noche nos juntamos y estábamos sentados, hablando como una pareja veterana.

—¿Qué quieres hacer?

—No sé, ¿qué quieres hacer tú?

Dos noches seguidas en los bares hubieran sido demasiado, incluso para nosotros dos.

En ese momento, empezó a contarme que estaba teniendo problemas con su novio, a ella no le gustaba que vendiera drogas. Esto me sorprendió mucho porque lo respetaba, tenía un buen trabajo y buena novia. ¿Por qué arriesgar todo? Hablamos de su situación un rato hasta que tuve una idea.

—¿Hay drogas en tu departamento ahora? —le pregunté.

—Sí, pero sólo una libra de marihuana [una libra es MUCHO]. Ya no la vende porque no está buena —me dijo.

En seguida le dije:

—¿Por qué no la fumamos?

Sabía que ella nunca fumaría nada porque cuidaba mucho su cuerpo, especialmente sus preciosos pulmones. Entonces, cambié mi idea a "Hagamos brownies". De hecho, nunca pensé que estaría de acuerdo conmigo y, por cierto, no me importaba, nos divertíamos lo suficiente sin la ayuda de drogas. Pero tal vez lo sugerí a la hora correcta, porque después de un rato me dijo:

—Bueno, vamos a hacer los brownies.

Debo haber estado aburrido, porque no vacilé; inmediatamente le dije:

—Dale, vamos al mercado.

Fuimos al mercado para comprar una caja de mezcla para hacer los "brownies". Luego, nos enfrentamos a nuestra primera decisión: cuánta marihuana debíamos poner en la mezcla. Bueno, para entender mejor todo esto, debes recordar dos cosas. Primero, en aquellos días podías comprar marihuana que no servía para nada. Después de comprar marihuana, a veces podías tener éxito, otras veces no. Entonces, pensé que posiblemente necesitábamos mucha marihuana, porque Monica me había dicho que su novio pensaba que la que tenía era mala. Segundo, nunca había hecho brownies de marihuana antes y no tenía ninguna idea de cuánta debía usar. Terminamos usando una onza entera, nuestro primer error (no voy a tener en cuenta el verdadero primer error: la decisión de tomar la marihuana). Si no sabes bien cuánto es una onza, es suficiente para hacer, tal vez, cuarenta churros. Ahora sé bien que suena como mucho, pero lo siento, en ese entonces no había internet donde pudiéramos buscar una receta.

Después de hornear los brownies, tuvimos que decidir cuántos comer. Ninguno de los dos tenía ninguna experiencia en esta manera de usar marihuana, pero comenzamos siendo conservadores. Cada uno de nosotros comió un brownie y esperamos los efectos. Nada pasó. Comimos otro brownie. Nada pasó. Ninguno sabía que tomaba un tiempo largo para que hicieran efecto. Después de más o menos tres cuartos de hora nada había pasado. Terminamos comiendo la charola entera de brownies. Nuestro segundo y más grande error.

Después de un rato comenzamos a sentirnos bien, muy bien, si entiendes lo que quiero decir. Decidimos ir a un bar. Sí, error número tres. Durante el tiempo en que salimos de su departamento y llegamos a un bar, los efectos de la marihuana comenzaron a abrumarnos. Entramos, pero para ese momento ya no podíamos pensar ni comunicarnos bien. Además, una sensación de paranoia profunda nos agobiaba. Tuvimos que aferrarnos el uno al otro para apoyarnos y fuimos a un rincón del bar para escondernos. Pude pedir bebidas, pero tomó toda mi energía sólo hablar con el mesero. Monica no podía decir nada comprensible. Cuando nos sentamos allí alternamos entre estados de júbilo y estados de ansiedad profundos. Debido a razones evidentes, es difícil recordar todo lo que pasó durante esa noche, pero una cosa es segura: fue la más divertida y, al mismo tiempo, la más aterradora que tuve en mi vida.

Todavía en el bar, Monica vio a algunos de sus amigos y, aunque era extrovertida y simpática, tuvo que correr y esconderse conmigo porque sabía bien que no tenía la capacidad de hablar con ellos. Había momentos en que teníamos que abrazarnos para sentirnos bien. Recuerdo, que unas cuantas veces tuve que mirarla a los ojos para asegurarme de que no se derrumbara. Hubiera sido un momento íntimo, si no fuera por el terror que sentía. Nunca la vi más vulnerable, y fue mi culpa.

Después de más o menos dos horas así, decidimos volver a su departamento. Habíamos tenido suficiente estímulo, necesitábamos paz y aislamiento. Cuando llegamos todavía sentíamos los efectos de los brownies y nos reíamos mucho, pero Monica me dijo que necesitaba ir a la cama para cerrar los ojos. No estaba lista para estar sola, así que me quedé con ella de rodillas cerca de su cama, sosteniendo su mano hasta que se durmió. Después de estar seguro de que se había dormido, salí de su departamento sigilosamente para no molestarla.

Luego, la diversión comenzó para mí. Hasta ese punto yo estaba bien, podía esforzarme para estar bajo control. Pero, mientras manejaba a mi departamento, me di cuenta que no tenía sensibilidad en la parte baja de mi cara. No podía sentir nada de mis ojos hasta la punta de mi barbilla. Mi boca entera y la mitad de mi cara estaban completamente entumecidas. Manejaba de esta manera, cuando empecé a pensar que tal vez masticaba la parte interior de mi boca, especialmente mi lengua. Seguí revisando mi boca con mi mano casi cada 5 segundos. Luego, empecé a tener alucinaciones de que estaba masticando mi lengua, creía que la podía ver. Estaba increíblemente asustado. Me estacioné a un lado de la calle para sostener mi lengua con las dos manos. Me quedé allí por lo que pareció mucho tiempo con las dos manos en mi boca. Tuve imágenes malas sobre mi lengua que no podía quitarme, es imposible describir lo grande era mi miedo, la alucinación era muy real. Finalmente, manejé a mi departamento sosteniendo mi lengua todo el camino.

Al llegar a mi casa, fui directamente a la cama. No recuerdo cuando pararon las alucinaciones, pero después de estar en cama, las cosas se calmaron y finalmente me dormí. Cuando me desperté, la primera cosa que hice fue revisar mi lengua y boca. Todo estaba bien, físicamente me sentí bien, pero, me preocupé mucho por Monica. Creía que le había hecho algo malo e iba a enojarse mucho conmigo. Necesitaba ver si estaba bien, tenía que verla. Después de hacer otra revisión de mi lengua en el espejo, me vestí y fui a donde solía dejar mi carro, pero no pude encontrarlo. En mi prisa, decidí montar en bicicleta hasta su departamento.

Pedaleé tan rápido como me fue posible y subí corriendo las escaleras. Cuando abrió la puerta, todavía vistiendo su pijama, vio que era yo y me dedicó una gran sonrisa. Nos abrazamos, tan apretados cómo pudimos. En este momento, la amé más que nunca. Me dijo que la noche anterior había sido la más divertida y más espantosa de su vida. Fuimos a almorzar juntos y nos reímos mucho de nuestra experiencia, pero me dijo que era la última vez que consumiría marihuana. Se le acabó la curiosidad y lo entendí bien.

Después de almorzar, dimos un paseo y luego le dije que necesitaba encontrar mi carro. Aunque me sentía mejor por Monica, todavía la desaparición de mi carro me perseguía. Regresé a mi departamento y empecé a buscarlo. No tuve éxito de inmediato, entonces fui a recorrer las calles alrededor de mi departamento. Busqué cuadra por cuadra por horas y no pude encontrarlo. Finalmente, dejé la búsqueda por ese día sin éxito. El día siguiente era Domingo y seguí buscándolo, tuve que usar mi bicicleta para hacer mis tareas. Aquel día incluso busqué alrededor del departamento de Monica, tal vez todo lo que había pasado después de salir de ahí fue una pesadilla y había caminado a mi departamento. Pero no podía encontrarlo en ninguna parte.

Ya era lunes y tenía que volver al trabajo, por lo tanto, tuve que alquilar un carro. Después de trabajar ese lunes, fui a la policía. Tal vez lo había estacionado mal y lo remolcaron. Pasé horas con la policía, esperando, hablando y buscándolo en el lugar donde ponen los carros remolcados, pero no tuve suerte. Le dije al policía que quería denunciar la desaparición de mi carro y me preguntaron si me lo habían robado.

—No sé —les dije—, ahora sólo sé que está perdido.

—Bueno, chico —me contestaron—, no tomamos informes de carros perdidos, sólo de los que son robados.

OK, la policía no me iba a ayudar.

Fui al trabajo en mi carro alquilado esa semana y seguí buscando el coche sin resultados. Después de una semana, empecé a pensar que perdería mi carro para siempre. Empecé a preguntarme si debía llamar a mis padres o comprar un carro nuevo, porque era caro alquilar un carro y no quería gastar todo mi dinero en eso. Una vez fui a un concesionario de autos, pero todavía no estaba listo para comprar un carro nuevo. No estaba listo para darme por vencido.

Pasó otra semana. Un amigo me invitó a una fiesta y mientras ahogaba mis penas en cerveza, un conocido me dijo:

—Oye, güey, un carro justo como el tuyo ha estado enfrente de mi departamento por un largo tiempo.

Es interesante, porque este tipo no era un amigo, sólo un conocido ocasional, ni siquiera sabía mi nombre. Fuimos a la misma universidad de negocios, pero sólo lo reconocía por su cara. Más o menos un año antes, lo vi al lado de la calle, teniendo problemas con su carro. Me paré para ayudarlo, resultó que se le había acabado la gasolina y lo llevé en mi carro a la gasolinera. Mi carro era amarillo brillante, entonces era un poco único (¿Conoces el Opel Manta de 1973?). Sin este evento, no hubiera podido reconocer mi carro.

En seguida, le exigí:

—¿Dónde vives?

Después de obtener su dirección, fui corriendo tan rápido como fue posible directamente allí. Cuando llegué, pude ver que era mi carro. ¡Gracias a Dios! Finalmente lo había encontrado. Aunque no tenía mis llaves, me quedé con él por un rato. Hasta creo que le di un abrazo grande. No puedo decir lo feliz que estaba de verlo. La ubicación de mi carro era un poco difícil de explicar. No estaba directamente entre el departamento de Monica y el mío, estaba casi dos millas fuera del camino. ¿Qué hice esa noche?

Es interesante pensar qué hubiera pasado si no hubiera conocido a aquel tipo en aquella fiesta, o si no me hubiera parado para ayudarlo. ¿Mi carro todavía estaría en una calle en Ann Arbor cincuenta años más tarde?

La primera cosa que quería hacer era llamar a Monica. Recuerdo mi decepción cuando su novio respondió y me dijo que Monica no estaba allí, tuve que dejarle un recado. Claro, quería celebrar con ella, pero no pude.

¡De todos modos, estaba feliz porque no había comprado un carro nuevo! ¡Y todavía mejor, estaba muy feliz de no haber llamado a mis padres!

Después de esto, mi vida volvió a la normalidad. Monica y yo seguíamos juntándonos como siempre, pero me sentí aún más cercano. Creí que ella se sentía igual. Pero un día me dijo que ella y su novio iban a mudarse a California. Sabía que iba a extrañar a mi amiga especial y se lo dije. Hablamos de hacer un último viaje a la costa del lago Michigan, pero nunca pasó. Ambos estábamos demasiado ocupados y, claro, estaba seguro de que su novio no quería que ella durmiera conmigo otra vez en su camioneta.

Más tarde ese año, choqué mi carro con la parte trasera de un camión. Mientras manejaba en la autopista desde el trabajo a casa tarde una noche, me dormí y choqué gravemente. Yo estaba bien, pero fue el fin de ese carro. Después, compré un Honda Civic, qué sensato de mi parte.

He pensado algunas veces en Monica y en qué podía haber pasado entre nosotros. A veces teníamos momentos casi íntimos, pero no era suficientemente maduro para aprovechar. Era una luchadora frustrada y, a menudo, quería luchar conmigo. Claro, tenía que permitirle que ganara. Recuerdo que luchábamos en el pasto una vez por algo tonto y después de sostenerla en la tierra, de la nada, me dijo que, si yo la besaba, me golpearía. Claro, me confundió. Más tarde pensé si esta era su manera de decir que quería que la besara. Las muchachas pueden ser muy confusas.

Fue triste despedirme de ella. Pero no mucho después de esto, conocí a mi futura esposa y los pensamientos de Monica quedaron en la distancia rápidamente. Nos enviamos unos correos, pero perdimos contacto y no he oído de ella desde hace un largo tiempo. Si esto hubiera pasado hoy en día, todavía seríamos amigos en Facebook.

Pero aprendí mucho de mi experiencia con Monica. Nunca había tenido una muchacha como amiga antes, y entendí que puede ser agradable. Además, aprendí que no quería estar atascado en la zona de amistad otra vez. Esto me ayudaría luego en la relación con mi esposa.

Bueno, hemos llegado al final de otra historia. Es interesante que empecé a escribir una historia sobre un evento de sobredosis, pero terminé escribiendo una historia sobre una muchacha. Quizá algún día me entenderé a mí mismo.

Cómo Conocí a Mi Esposa

Ningún relato de mi vida estaría completo sin una historia sobre mi esposa, Debbie.

Cuando era joven, no tenía mucha experiencia ni éxito con las muchachas. A los 24 años de edad sólo había tenido una novia, que no fue una experiencia buena y no duró mucho tampoco, menos de tres meses. En aquellos días pensaba que tenía un súper poder, el poder ser invisible para las chicas. Casi me resigné a una vida de soltero.

Recuerdo exactamente la primera vez que vi a Debbie. Un día, había acordado con algunos compañeros de trabajo turnarnos en una cola para comprar boletos para un concierto de Bruce Springsteen. Mi turno era temprano en la mañana y, como fui antes de mi trabajo, entonces llevaba mi traje de negocios. Me sentía un poco incómodo en mi traje entre la mayoría de estudiantes vestidos casualmente. Mientras estaba esperando, miré hacia atrás de la cola y noté a una muchacha, la más guapa e intrigante que había visto en mi vida. Pero hubo un problema, ella miraba directamente hacia mí. Tuve que voltear inmediatamente en otra dirección, porque me hizo sentir un poco incómodo que ella pareciera cómoda mirándome, algo que casi nunca me había pasado. Traté de echar una mirada aquí y allá pero no quería que pensara que la miraba directamente a ella. Si, un hombre más valiente le hubiera sonreído, pero, definitivamente, ese no era mi estilo.

No la volví a ver hasta algunos meses más tarde. Una compañera de trabajo tuvo que salir de Ann Arbor de forma imprevista y me dejó su perro para cuidarlo en su ausencia. Era una emergéncia y, aunque no estaba en posición de cuidarlo, tuve que aceptar. El problema era que no podía cuidarlo porque trabajaba todo el día y luego iba al gimnasio, estaba fuera de mi departamento desde las seis de la mañana hasta las diez de la noche. Me gustaba el perro, pero no era una buena idea tenerlo encerrado en mi departamento todo el día. Entonces, en la primera oportunidad que tuve, el perro y yo fuimos a fijar anuncios en un kiosco para encontrar a alguien que pudiera cuidarlo mejor. Mientras fijaba mi primer anuncio, una muchacha se acercó a mí y me dijo que le encantaba el perro. Obviamente era muy amable. Parecía una oportunidad para encontrar un lugar para el perro y, tal vez, conocer a una muchacha, y así matar dos pájaros de un tiro. Le dije que buscaba a alguien que pudiera cuidarlo y, como estaba interesada, fuimos a hablar con sus compañeras de departamento. Cuando entramos, solo estaba Debbie sentada en la cocina. No la había visto desde el día en la cola y la reconocí inmediatamente, pero no iba a decir nada, porque no nos habíamos presentado. Nuestros ojos sólo se encontraron por un breve momento y ella en cambio se levantó, se enfrentó a mí y me dijo:

—Te recuerdo de la cola de los boletos de Bruce Springsteen.

Claro, quedé asombrado y no tenía idea de cómo responder. Creo que mascullé algo tonto en respuesta, estaba demasiado nervioso como para decir algo ingenioso. Me dijo que me buscó en el concierto, que quería ver si tendría puesto mi traje de negocios. Me pareció gracioso y me relajé un poco. Pero me asombró que ella fuera tan abierta y honesta con alguien con quien sólo había hecho contacto visual una vez algunos meses antes. Me sorprendió aún más que dijera que me había buscado en el concierto. ¿En serio? Claro, me enamoré de ella inmediatamente.

Las muchachas estuvieron de acuerdo en cuidar del perro. Claro, me ofrecí visitarlas para pasearlo juntos. Estoy seguro de que sabes que mi motivación no era cuidar el perro. Parecía que cada vez que las visitaba, Debbie estaba allí y la invitaba a acompañarme. Todas las veces accedió. Por supuesto, creía que necesitaba dar más y más paseos con el perro. Así llegamos a conocernos. Una vez, pasamos por una cancha de tenis y ella me dijo que deberíamos jugar juntos alguna vez. Claro que estaba dispuesto. Jugamos tenis, fuimos horribles (no lo habíamos jugado antes) y el perro ladró todo el partido, pero de todos modos nos divertimos mucho.

Luego las chicas —había tres en su departamento—, me invitaron a acompañarlas a la Feria de Arte de Ann Arbor, y fui con ellas y un grupo de amigos. Durante la noche, el grupo y yo caminábamos por las calles y noté que Debbie estuvo a mi lado la mayor parte del tiempo. En un momento estábamos hablando de algo, me dijo que tenía fotos sobre el tema y me invitó a su departamento para ver las fotos. Ya era tarde y tenía que trabajar la mañana siguiente. Pero ¿iba a decir no? ¡No manches!

Fuimos a su departamento para ver las fotos. Nos sentamos sobre su cama, mis pies en el piso. Mientras disfrutábamos las fotos, debió haber sido al mismo tiempo, nos dormimos. Ninguno de los dos sabía cómo había pasado esto porque éramos de todo menos aburridos. Nos desmayamos completamente. Algunas horas más tarde me desperté, llevando todavía mi ropa, incluso mis zapatos, y miré el reloj. ¡Eran las seis de la mañana! Rápidamente la desperté y me despedí de ella. Tuve que ir a mi departamento para prepararme e ir a mi trabajo.

Bueno, nos habíamos acostado juntos, pero todavía no nos habíamos besado. La relación se desarrolló rápidamente después de esa noche, se convirtió en mi novia y luego en mi esposa. Tenía una amiga para toda la vida. Con sus primeras palabras, ella me hizo sentir bien, y todavía me hace sentir bien. Nunca he tenido dudas de que ella es la muchacha perfecta para mí. Aun después de 43 años de matrimonio, nuestra relación se ha mantenido tan fuerte como siempre.

Nunca tuve que sentirme invisible otra vez.

Mi Luna de Miel

Esta es la historia de la luna de miel de Debbie y yo. Nos casamos en 1981, fue una buena pero sencilla ceremonia en el jardín de mis suegros, con más o menos 80 personas.

En aquel tiempo, mi esposa y yo teníamos perspectivas diferentes sobre las vacaciones. A ella le gustaba planearlas en detalle, establecer los caminos, las posadas y lo que íbamos a hacer exactamente todos los días. A mí, me gustaba estar totalmente libre de planes. Escogería un destino y veríamos que pasaría. Creía que mis viajes eran mejores. ¿Dónde está la aventura si todo está planeado?

Antes de casarnos, teníamos un acuerdo: Nos turnábamos. Una vez le tocaba a ella, otra vez me tocaba a mí. Todas sus vacaciones tenían un plan detallado y las mías eran sin ningún plan. Todo iba bien con nuestro acuerdo.

Cuando la boda llegó, fue mi turno y la luna de miel estuvo a mi cargo. Planeamos quedarnos la primera noche en un hotel agradable cerca del lugar de la boda. Después, no había plan, sólo un destino: Las Montañas Rocosas. Me emocioné mucho, porque me encantaba la idea de las montañas y nunca había estado allí. Debbie tenía un poco de preocupación, por supuesto, pero también estaba ocupada planeando la boda y no tuvo tiempo para pensar mucho en la luna de miel. Eso me dejó completamente a cargo.

Tuvimos nuestra boda. Fue muy agradable y hermosa, Debbie era una novia muy bonita y todos estaban contentos.

Durante la recepción después de la boda, todo el mundo nos preguntaba:

—¿Dónde van para su luna de miel?

Siempre les respondía:

—Vamos a las Montañas Rocosas.

Y luego nos preguntaban:

—¿Dónde en las Montañas Rocosas?

Les respondía:

—No sé, sólo sé que vamos a manejar al oeste.

Las montañas estaban a 1.800 millas desde Ohio. Pero sabía que, si manejamos al oeste, eventualmente llegaríamos a las montañas.

Bueno, más tarde en la fiesta conocí a unos amigos cercanos de mis suegros quienes me hicieron la misma pregunta y yo les di la misma respuesta acerca de nuestra luna de miel. Pero esta vez, esta pareja se emocionó y me dijeron:

—Si van a las montañas, tienen que quedarse en nuestra casa allí. Está en las montañas en Wyoming —y el hombre continuó—. Espera aquí, voy a conseguir las llaves y la información sobre la casa para ti.

A los quince minutos regresó y nos dio las llaves, la dirección y todo lo necesario para quedarnos en su casa en las montañas. Nos dijeron que su hijo la había diseñado para ellos. Su hijo era arquitecto, y su especialidad eran los diseños naturales que encajaban con el ambiente.

El camino hasta las montañas nos tomó tres días. Visitamos Chicago, Las Tierras Malas y otras cosas interesantes como Wall Drug, una tienda en South Dakota que es una atracción turística famosa. Incluso nos quedamos en un hotel donde todo en la habitación era completamente púrpura; la llamamos "El Palacio Púrpura".

Llegamos a Wyoming y vimos que la casa era muy hermosa. Estaba en el bosque, a mitad de camino de la cima de una montaña muy linda. Era una casa solar y muy moderna, tenía ventanas grandes, techos abiertos y mucha madera natural. Un lugar perfecto para pasar nuestra luna de miel.

Nos quedamos allí por dos semanas. Dimos muchos paseos en las montañas y en la ciudad de Jackson Hole. Fuimos al parque Yellowstone un día y, mientras estábamos allí, hubo una tormenta de nieve (¡en septiembre!) por lo que cerraron todos los caminos y tuvimos que quedarnos en la logia del parque una noche. No nos preocupamos, el hotel era bonito y el parque extraordinario. Fue una pequeña aventura dentro de nuestra aventura original.

Al fin, todo terminó bien. Regresamos a nuestro hogar sin problemas. Fue la mejor luna de miel en toda la historia del mundo. Y, como puedes ver ahora, a veces es mejor cuando no tienes un plan.

Trabajando en Asia (Semejante Desconocido)

Más o menos seis años después de iniciar mi carrera profesional, obtuve un proyecto con una empresa que se llamaba Tandon. Esta empresa tenía mucho éxito en hacer componentes para computadoras personales, y su producto principal eran lectores de disquetes. En esa época, las computadoras personales eran un producto nuevo y había mucho crecimiento en ingresos y ganancias. Su cliente principal era IBM, el fabricante más grande de computadoras personales (oh, cómo han cambiado los tiempos).

Una vez, el vicepresidente de fabricación llamó a mi empresa, Accenture, y dijo que estaba interesado en hablar con nosotros sobre un proyecto. Nadie en mi empresa había oído sobre ellos, por lo que me enviaron a conocerlos. Yo era un hombre de negocios, pero joven también, de más o menos treinta años, y necesitaba la experiencia.

Cuando llegué a la entrevista conocí a Bill Smith. Me dio un recorrido por su fábrica y me contó sobre sus planes de crecimiento. Luego, me explicó que quería que mi firma, Accenture, los ayudara a aumentar la capacidad, la calidad y la eficiencia de sus operaciones mundiales. Además de esta fábrica en California, Tandon tenía operaciones en Singapur e India. El dueño de la empresa era Jugi Tandon, un indio. Aún hoy, Jugi afirma ser el inventor del "disco flexible", un componente clave en la revolución de la PC.

El proyecto me pareció desafiante, pero emocionante también. Bill Smith me cayó bien. Pude ver que era un hombre que tomaba decisiones rápidamente y siempre tenía prisa. La idea de un proyecto en Asia me gustó también.

Después de hablar durante tal vez tres horas, Bill me preguntó si era capaz de hacer el trabajo. Le dije, sin vacilación, que por supuesto. Luego, me preguntó cuándo podría comenzar el proyecto y respondí que, si me daba un escritorio, podría comenzar inmediatamente, y era la verdad porque no tenía nada más que hacer. Noté que esto le gustaba; claro, era un hombre de acción. Me dijo:

—OK, trabaja esta tarde y nos reuniremos en la noche. Si me gusta lo que haces, estás contratado.

No podía evitar sonreír, y Bill también sonreía. Disfrutamos mucho esta situación. Normalmente, una empresa se toma semanas para seleccionar un consultor. Bill mucho más tarde me contó que, antes de mí, había hablado con otros dos consultores que tenían más experiencia y, ambos le habían dicho que ellos lo llamarían la siguiente semana con una fecha de inicio. Tal vez no tenía la experiencia de saber que debería regresar a la oficina para hablar con alguien. De hecho, había pasado las tres semanas previas en la oficina sin proyecto y no quería volver.

Entonces, pasé esa tarde desarrollando un plan. Cuando estuvo listo, finalmente lo revisé con Bill. Pasamos dos horas más hablando sobre el plan y cómo íbamos a trabajar juntos. Mi plan no era perfecto y tuve que hacer cambios, pero al final le gustó. Recuerdo que se reclinó en su silla y me dijo:

—Bueno, supongo que puedes regresar mañana.

Y así vendí mi primer proyecto solo.

Parte del plan era viajar a la fábrica en Singapur y luego a Mumbai (luego conocida por su nombre previo, Bombay). Volamos de Los Ángeles a Singapur durante veinte horas. Fue la primera vez que volé en primera clase, y me gustó. La aerolínea era Singapur Air y se sintió muy bien, las azafatas eran bonitas y amables, el servicio era fantástico.

Llegamos temprano en la noche y, después de registrarme en el hotel, traté de dormir, pero no pude. Entonces fui al bar, quizá tendría más sueño después de una cerveza. No había nadie allí, por tanto el mesero me dijo que debería ir a otro bar que era más interesante. Todo el mundo me había dicho que Singapur era un lugar seguro, y yo no podía dormir, entonces fui.

Cuando llegué al bar que me habían recomendado, me pareció más como una discoteca, y además había una cola de 50 personas esperando a entrar. De ninguna manera iba a esperar en una cola para entrar en una discoteca, así que me di la vuelta para volver al hotel. Pero el hombre de seguridad me vio y me pidió que pasara inmediatamente. No tuve que esperar en la cola. Se me hizo un poco incómodo no tener que esperar, pero ¿por qué no? ¿solo porque soy estadounidense? Tomé una silla del bar y comencé a mirar alrededor, había muchas personas, música tecno fuerte y baile. Decidí quedarme un rato porque, aunque me incomodaba estar solo, estaba disfrutando del ambiente. No había pasado mucho tiempo en discotecas, especialmente solo, pero intenté disfrutarlo. Mientras tomaba una cerveza ocupándome de mis propios asuntos, una muchacha se acercó a mí y me dijo, directamente y en tono serio:

—Señor Phelan, ¿qué hace aquí?

Estaba tan asombrado que casi me caí de mi silla. Aquí estaba una muchacha asiática, guapa, exigiendo saber qué hacía yo en la discoteca. ¡Y sabía mi nombre! No conocía a nadie en Singapur y no tenía ninguna idea de qué debería decir. De hecho, estaba a punto de huir. Pero antes de poder decir algo, ella comenzó a reír.

—¿No me reconoces? —preguntó.

Cuando dijo esto, me di cuenta de que era una de las azafatas de las veinte horas previas. Fue interesante, porque su personalidad era tan diferente que no pude reconocerla. En el avión fue muy tímida y tranquila, aquí en el bar era muy abierta y directa. Su risa fue memorable.

Después de relajarme un poco, me invitó a su mesa para conocer a sus amigos. Fui con ella a su mesa, donde estaban dos muchachas más y un muchacho; una de las muchachas era de ascendencia china, otra de ascendencia india y otra era de ascendencia malaya; el muchacho era de Noruega, trabajaba para su embajada en Singapur. Sus amigos eran más o menos de mi edad, muy amables y disfruté la conversación. Después de algunos minutos, me dijeron que iban a un restaurante para comer algo y me invitaron. Todo parecía seguro y divertido, entonces fui con ellos.

En el restaurante todo siguió normal, excepto que a veces el muchacho me decía cosas que yo no entendía. Parecía que yo debía saber algo que no sabía. Cuando llegó el momento de irnos, me propuso que almorzáramos juntos. Le contesté que no sabía si mi horario permitiría almorzar fuera de la fábrica y me dijo:

—Bueno, llamaré a tu embajada.

Inmediatamente le dije que la embajada de los Estados Unidos no me conocía y, claro, no iban a saber si podía almorzar con él.

—Pero —objetó— tú trabajas en la embajada de Suecia, ¿sí?

—No —le respondí—. Soy norteamericano y trabajo para la empresa Accenture. Estoy aquí para un proyecto.

Estaba asombrado, había pasado toda la noche creyendo que me conocía. Esto explicaba sus comentarios durante nuestra conversación. Nos reímos mucho sobre eso.

Nuestro proyecto en Singapur estuvo bien, pasamos allí dos meses. Trabajar en Singapur es semejante a los Estados Unidos, todo el mundo hablaba bien inglés, los directores allí estaban de acuerdo con la mayoría de nuestras recomendaciones. Salimos con buenas relaciones con todos.

Después de terminar en Singapur, fuimos a Mumbai. Mumbai, obviamente, es un lugar muy diferente a los Estados Unidos. El proyecto allí fue una buena experiencia, los directores eran abiertos a mis ideas y no temían cambiar cosas. Además, tenían un alto nivel de educación, había muchos directores con doctorados. Muchas veces durante el día, tocaban a mi puerta para ver lo que hacía, así recibía sus reacciones rápidamente y no me criticaban si las ideas no estaban maduras.

La característica más evidente en Mumbai, era la atención que los indios prestaban a las posiciones de cada persona. Siempre era obvio quién estaba en la posición de mayor autoridad. Por ejemplo, las personas que armaban las partes eran todas muchachas. No había mujeres que tuvieran una posición de autoridad y normalmente las reglas para ellas eran estrictas. Por ejemplo, a las muchachas no se les permitía hablar durante periodos de trabajo, pero cuando entrábamos en una sala siempre oíamos cuchicheo y risitas. Aparentemente no habían visto muchos extranjeros.

Otro ejemplo es la manera en que los directores trataban a sus empleados. La configuración de la mayoría de los departamentos era la misma: había escritorios alrededor de la oficina contra la pared para los empleados y el director siempre tenía un escritorio en el centro. Cuando entrevistaba al director, si el director necesitaba información, la exigía a sus empleados, a menudo con un chasquido de sus dedos, y sus inferiores respondían inmediatamente con la información o una respuesta. Me incomodaba, pero no había nada que pudiera hacer. Claro, en los Estados Unidos no es cortés interrumpir a otras personas, sin importar su puesto.

Otro ejemplo ocurrió durante la hora del té. Todas las tardes, había un ejército de meseros vestidos de blanco que traía té a todos los profesionales. Una vez, caminaba con un director y pasamos por una puerta. Al otro lado de la puerta había escaleras contra la pared, de dos tramos. Un mesero, que llevaba dos bandejas grandes de té, había subido casi los dos tramos de escalera y estaba a punto de pasar por la puerta en dirección contraria. Podríamos habernos hecho a un lado fácilmente para permitir que el mesero pasara por la puerta, pero el director, sin vacilación, con un chasquido de sus dedos y un "chut, chut", dejó claro que el mesero debía darse la vuelta para bajar las escaleras. Bajamos las escaleras detrás de él todo el camino hasta la planta baja.

Pero el mejor ejemplo de las diferencias entre las clases era el mismísimo Jugi Tandon. Jugi me pidió que lo viera al final de cada día para un resumen del día. Aparentemente, no estaba ocupado. Para encontrar su oficina, tuve que montar el ascensor. El ascensor era similar a las otras partes de la fábrica, sencillo y crudo, no tenía puertas y podías ver cada piso que pasaba. Hubiera sido fácil perder un brazo.

Después de llegar a su piso, el ambiente cambió completamente. La sala de espera era muy elegante y había cuatro secretarías, evidentemente seleccionadas por su apariencia, porque todas eran guapas, y estaban maquilladas y vestidas formalmente. Todas las paredes eran de madera tallada, la alfombra era ostentosa. Todo estaba decorado perfectamente. Cuando lo conocí, Jugi me saludó con gusto. Me dio un recorrido por su oficina, de la cual estaba muy orgulloso. Después de pasar a su oficina, la puerta se cerró detrás de mí automáticamente. Jugi me señaló que no se podía encontrar la puerta porque desaparecía en las paredes, pero me mostró que, con un toque de un botón detrás de su escritorio, podía abrir seis puertas diferentes. Cada puerta parecía como otra parte de la pared hasta que se abría. Detrás de cada puerta había una sala diferente, cada una muy elegante: una era una sala de fumadores, que tenía una gran chimenea (lo cual era ridículo porque en India hacía mucho calor todos los días), otra era una sala de conferencias, otra era una sala de billar, con una mesa de billar hecha a la medida y muy elaborada. En su oficina, el escritorio era tan grande que tuvieron que construirlo ahí mismo, ya que no podía caber por las puertas. A Jugi le encantaba hablar sobre su escritorio.

Aunque el ambiente era extremo, Jugi fue cálido y amable. Igual que sus directores, sólo quería que el proyecto fuera exitoso, nunca perdieron tiempo juzgándome. A veces pasábamos juntos cinco minutos, y otras veces llamaba a algunos de sus directores para que se unieran a nosotros, y en este caso pasábamos horas. Todo el mundo trabajaba bien.

El proyecto terminó y cuando me iba, los directores comenzaron a implementar algunas de las recomendaciones. Me sentía bien por eso.

Decidí visitar Hong Kong en mi camino a casa, pasé tres días allí. Aparte de una noche con tres marineros de los Estados Unidos que, mayormente, no puedo recordar, todo estaba tranquilo en esta ciudad, que todavía era parte de Gran Bretaña. Pero un día, al atravesar el vestíbulo del hotel, vi a mi amigo noruego de mi primera noche en Singapur. Se percató de mí presencia cuando acababa de subir el ascensor. Sólo tuvimos la oportunidad de saludarnos antes de que las puertas se cerraran. Cuando tomé una silla en el vestíbulo para esperar un tour, mi amigo noruego apareció para hablar conmigo, aparentemente había bajado para verme. Fue muy amable de su parte porque verdaderamente no éramos amigos, sólo habíamos pasado algunas horas juntos cuatro meses antes. Pero se sentó cerca de mí y comenzamos a hablar. Le expliqué lo que había hecho en Hong Kong y luego me dijo algo similar. Después de algunos minutos, comenzó a contarme una historia sobre los embajadores de Noruega y Suecia, tuve que pararle porque estaba claro que me había confundido con otra persona otra vez. Cuando le dije que yo era el hombre de la noche en Singapur, finalmente se dio cuenta de quién era, entonces se disculpó y luego me contó que había un tipo en la embajada de Suecia en Singapur que era muy parecido a mí. Me dijo que conocía bien a este tipo y casi no podía ver la diferencia. Bueno, reímos otra vez.

Mi viaje a casa fue sin problemas. Estaba feliz de ver a mi esposa de nuevo. Todavía tenemos unos elefantes y el joyero de madera tallada que compré para ella en India. Siempre recordaré mi viaje a Asia.

Vanilla Ice

En los años noventa, tuve un proyecto en Japón con la empresa Yokohama, que fabrica llantas. En mi segundo viaje a Japón estuve allí 4 meses trabajando. Fue un proyecto estresante pero finalmente exitoso. Mientras trabajábamos en Tokyo, un compañero mío y yo fuimos al Hard Rock Café en El Roppongi. Los Hard Rock Cafés eran nuevos en aquellos días y ansiábamos una hamburguesa (como los estadounidenses que éramos). Cuando llegamos, no había muchas personas en el restaurante,

excepto un grupo grande en una mesa en el rincón. Había tal vez quince afroamericanos y un hombre blanco sentados allí.

Pedimos nuestra comida y comenzamos a comer. Luego, oí que alguien nos gritaba en inglés:

—Yo, América, yo, América.

Levanté la vista y vi que el hombre blanco tenía su puño en el aire y nos seguía diciendo "¡Yo, América!" Fue imposible esconderme, entonces lo saludé de mala gana. Cuando lo saludé, se levantó de su mesa y se acercó a nosotros. "Oh no, ¿qué va a pasar aquí?", me pregunté. Cuando llegó a nuestra mesa lo reconocí, era el mismísimo Vanilla Ice, y mi humor cambió instantáneamente. Se presentó con nosotros gentilmente usando su nombre real, Robert Van Winkle, y tuvimos una buena plática. Fue muy educado y estaba interesado en nosotros. ¡Nos dijo que sonaba muy interesante diseñar un software para una fábrica que hace llantas! Yo hubiera creído que ser un rapero blanco habría sido mucho más interesante. Después de cinco a diez minutos de buena conversación, nos despedimos y Vanilla Ice regresó a su mesa.

Un rato más tarde, mientras comíamos nuestras deliciosas hamburguesas, la música en el restaurante se volvió muy fuerte, era el éxito de Vanilla Ice, "Ice Ice Baby". Cuando la canción empezó, todos los que estaban en su mesa se levantaron y empezaron a bailar y cantar. Bailaron alrededor del restaurante en una cola, incluso dieron una vuelta alrededor de nuestra mesa, con Vanilla Ice a la cabeza, y luego se fueron del restaurante. Fue una salida muy musical y emocionante, me gustó mucho.

Bueno, sé bien que muchas personas se burlan de Vanilla Ice y su éxito, y es verdad que robó la línea de bajo de una canción de David Bowie. Pero me caía bien, y estoy orgulloso de confesar que todavía me gusta mucho su único éxito. Tocaba la canción tantas veces en mi coche en ese entonces que mis tres hijos aprendieron las letras y todavía pueden cantar la canción completa de memoria.

Al final de nuestra comida, pedí al mesero la cuenta, pero el mesero me explicó que no era necesario, que Vanilla Ice ya la había pagado. Gracias Señor Ice, fue bueno haberlo conocido.

El Caso de la identidad equivocada

Mientras trabajaba, tuve un compañero de trabajo que se parecía a mí. Era alto y delgado y tenía tez clara como yo; se llamaba Craig. A pesar de que nos parecíamos, teníamos personalidades muy diferentes. Craig era extrovertido y siempre estaba listo para hablar y entretener. Cosas muy pequeñas podían hacer que Craig se enojara o se pusiera triste. Por otro lado, yo estaba como ahora, más tranquilo y menos emocional. A pesar de nuestras diferencias, nos caíamos bien. Éramos cómplices, juntos hacíamos un buen equipo.

Una vez, fui a mi oficina en la mañana de una semana típica. Estaba subiendo en el ascensor al piso veinte cuando se detuvo antes de mi piso y una hermosa muchacha entró. Me dijo:

—Mucho gusto en verte ¿cómo estás?

Como si me conociera. Me sorprendió, porque no la conocía. Ella siguió sonriendo y charlando como si fuéramos amigos íntimos, hasta que llegamos a su piso. Pensé que era extraño pero agradable también. Me preguntó qué hice el fin de semana, dónde y cuándo iba a almorzar ese día y si iba a ir a alguna fiesta. Quería saber todo sobre mí. De pronto dijo:

—Debemos tomar algo juntos algún día.

Claro, no tenía ni idea de quién era ella, y yo estaba casado, por lo que no iba a tomar una bebida con ella, pero no podía ver ningún daño en disfrutar su compañía en el ascensor.

Estábamos disfrutando el paseo cuando las puertas se abrieron en su piso y, mientras bajaba del ascensor, me dijo:

—Pues, adiós *Craig,* nos vemos pronto

Ah, bueno, creyó que era Craig y parecía que le gustaba. Fue un golpe menor a mi ego, pero no hubo problema, ya tenía una esposa bonita y divertida. Fue una buena forma de empezar mi día.

Craig y yo viajamos juntos a Houston muchas veces durante dos años porque vendí un proyecto allí para cambiar todos los sistemas de Mitsubishi. Craig era mi director de proyectos y trabajaba allí de tiempo completo, y yo lo visitaba una vez por semana o cada dos semanas, según la necesidad. Normalmente, tomábamos el mismo vuelo para regresar a Cleveland al término de la semana.

Como en todos nuestros proyectos, Craig tenía un codirector de proyectos, Fred, que era un empleado del cliente, Mitsubishi. Fred era un individuo único, inteligente y chistoso. Sus informes de estado de proyecto siempre eran precisos y fascinantes, parecían como actos de comedia. Pero al mismo tiempo, Fred podía ser distraído. Olvidaba cosas, olvidaba lo que estaba diciendo en medio de la oración y siempre llegaba tarde a las reuniones. Entre sus otros hábitos extraños, llevaba a menudo una playera que decía, "NORML" en letras grandes enfrente. "NORML" era una sociedad que luchaba por la legalización de la marihuana en Los Estados Unidos. No parecía una buena idea llevar esta playera en la oficina, pero de todos modos lo hacía. A menudo, nos preguntábamos si los jefes japoneses sabían qué significaba NORML. Claro, el apoyo para la legalización de la marihuana no sería popular entre los japoneses. Pero a un hombre como Fred eso no le importaba.

Un viernes por la tarde cuando llegó la hora de ir al aeropuerto decidí buscar a Craig, porque nos iríamos juntos, como siempre. Cuando salí de mi oficina vi a Fred cerca y le pregunté:

—Oye Fred, ¿has visto a Craig?

Me respondió:

—No, no sé dónde está

Entonces, caminé alrededor del edificio buscándolo. Apenas cinco minutos después volví a ver a Fred otra vez. Me miró y me dijo, con una mirada de gran concentración:

—Oh, alguien justo estaba buscándote, pero no recuerdo quién.

Hmmm, yo estaba un poco confundido con su declaración y le dije:

—Pero Fred, acabo de preguntarte si has visto a Craig, hace menos de cinco minutos.

En respuesta, Fred, siempre tranquilo, me dijo:

—Oh, sí, lo siento, fuiste tú.

Hasta el día de hoy no sé si pensaba que yo era Craig o que Craig era yo.

Oh, Fred, te extraño.

Mark Pigott

Mientras trabajaba como consultor, una de mis tareas era buscar proyectos, contratos para mí empresa consultora. Mi área de especialidad eran las empresas industriales y mi objetivo constaba en ayudarlas con sus sistemas informáticos. Una vez, identifiqué una empresa que se llama Paccar, de Seattle. Paccar es una empresa con ingresos de $7.000 millones en aquel entonces, y fabrica camiones. Sus marcas en los Estados Unidos son Kenworth y Peterbilt, y en Europa es DAF. Es una empresa pública pero la familia Pigott, que inició la empresa, todavía tiene mucho control sobre ella.

Después de un largo proceso, vendí un proyecto a Paccar. Durante el comienzo del proyecto, oía historias sobre el director ejecutivo de la empresa, Mark Pigott, quien era el tercer Pigott en ser director de Paccar. Aparentemente, tenía una personalidad fuerte, a veces extrema. Tomaba todas las decisiones en la empresa y era difícil saber en qué dirección iba a decidir las cosas. Podía estallar en un ataque de ira en cualquier momento sin previo aviso e inspiraba miedo a todo el que tenía que interactuar con él.

En las primeras semanas del proyecto tuvimos una reunión con Mark y sus directores, los ocho hombres con los puestos más altos en la empresa. Un día antes, el codirector del proyector me llamó y me dijo que teníamos un problema. Me contó que en la mañana había habido una reunión entre Mark y otros consultores de McKinsey y Co, un competidor mío y una empresa altamente respetable. Pero después de cinco minutos de esa primera reunión, Mark decidió que no le caían bien y les pidió que dejaran su edificio y que nunca regresaran. Su proyecto había terminado casi antes de empezar. Mi codirector se preocupó mucho por esto y, claro, hizo que yo me preocupara también.

Entonces hicimos algunos cambios a la presentación, decidimos que teníamos que hacer todo lo mejor posible y fuimos a la reunión. La reunión era en la sala de juntas de Paccar, una sala muy formal y bonita. Conocí a los directores y estábamos hablando de manera informal cuando Mark entró a la sala. Caminó directamente hacia su silla, sin mirar a nadie, sin decir una palabra y se sentó. Enseguida, todo el mundo se ubicó en sus sillas también y la reunión comenzó. Mi codirector inició la reunión con una introducción corta y tuve que manejar el resto de la presentación.

Empecé a explicar el proyecto y el proceso que íbamos a usar, pero antes de cinco minutos Mark me interrumpió en medio de una oración, y me dijo con voz fuerte y demandante:

—Párate allí.

Fueron las primeras palabras que pronunció en la reunión. También fueron muy claras así que me detuve inmediatamente. En ese momento creí que Mark iba a terminar el proyecto y que yo estaba pasando mis últimos minutos trabajando para Paccar. Luego, siguió:

—Quiero dejar una cosa perfectamente clara: si durante esta reunión no me dices algo que no sepa ya, será tu primera y última reunión con Paccar. ¿Está claro?.

Esto me sorprendió mucho. Nadie nunca me había amenazado así en mi carrera y empecé a entender lo que les había pasado a los consultores de McKinsey.

Aun así, tenía que continuar, por lo que le dije que lo había entendido bien y seguí haciendo mi presentación. Claro, había más que un poco de tensión en el aire. Nadie dijo nada durante la presentación. En una reunión que anticipé que sería como una conversación, nadie hacía preguntas. Era un monólogo involuntario. En la mitad de la presentación, mientras me preguntaba si podía adelantar mi vuelo de regreso a Cleveland, Mark se levantó para buscar una bebida de un carrito que estaba en la parte posterior de la sala. Cuando yo estaba a la mitad de una oración, Mark me preguntó:

—Roy, ¿quieres una coca cola?

—No, gracias —le dije, pero respondió:

—Voy a tomar una coca cola, toma una coca cola conmigo.

Esta sugerencia, o casi una orden, me impactó, me hizo perder el equilibrio. Nunca había visto a alguien interrumpir una reunión de esa manera, especialmente para una coca cola. Su comentario fue muy extraño también porque había otras personas en la reunión, personas mucho más importantes que yo, y debería habérselo ofrecido a ellos antes que a mí. Bueno, no iba a negarme al director de la empresa; acepté su oferta y tomé una coca cola (hubiera preferido una coca cola *diet*, pero no quería interrumpir el flujo de la reunión aún más).

Al final de la reunión, todo el mundo creía que todo había ido bien. Me dijeron que se habían dado cuenta de esto cuando Mark me ofreció la coca cola. De hecho, tuve buenas relaciones con Mark el resto de mi participación en Paccar, que duró más de dos años. Siempre estaba feliz de verme. A veces, su simpatía por mí era un poco incómoda. Por ejemplo, una vez me llamó y me dijo que me necesitaba y que tenía que ir en seguida a su oficina. Aparentemente, Paccar remodelaba el vestíbulo de proveedores. Mark le dijo a la empresa de construcción que necesitaban revisar todo conmigo porque yo era un proveedor estratégico. Bueno, lo tomé como un cumplido, pero, de hecho, no era el tipo de proveedor que usara el vestíbulo de proveedores y no era un diseñador de interiores tampoco. Afortunadamente, el trabajo fue un éxito y no tuve problemas con eso.

En otra ocasión me llamó porque su división europea, DAF, quería su permiso para construir una nueva aplicación, un configurador de camiones. Les dijo que necesitaba mi consejo antes de aprobar su petición, otro cumplido, pero tuve que volar a Holanda para revisar el sistema. Fue un viaje sin el que hubiera podido vivir, no es una buena manera de hacer amigos tampoco.

Pero tengo una anécdota favorita sobre Mark que empieza con el director de nuestra empresa, Joe Forehand. Joe, quien vivía en Chicago en ese entonces, fue invitado a un banquete en el área de Seattle, donde estaba mi proyecto con Paccar. Era una conferencia de CEO's y, como Joe tenía dos entradas, me invitó a acompañarlo. Claro, debido a que Joe estaba al menos tres niveles por encima de mí en nuestra empresa, el jefe de los jefes, tenía que aceptar su oferta.

Fuimos juntos y, cuando llegamos a nuestra mesa, vi que Steve Ballmer ya estaba sentado allí. En ese momento, Steve era el número dos al mando de Microsoft y pronto sería el número uno, después de la jubilación de Bill Gates. Tal vez conozcas Steve porque, después de jubilarse de Microsoft, compró un equipo profesional de baloncesto, Los Clippers de Los Ángeles.

Una vez allí, Joe, siempre cortés, me pidió que me sentara al lado de Steve. Genial, tuve la oportunidad de comer y charlar con Steve Ballmer, qué bendición. Traté de iniciar una conversación con Steve varias veces con mis bromas ingeniosas, pero fue apenas cortés y habló sólo a regañadientes conmigo. Respondía con monosílabos y nunca me miró directamente. En otras palabras, hizo obvio que no quería hablar conmigo. Pero a la mitad de la noche sentí una mano en mi hombro. Miré hacia arriba y era Mark Piggot, el director de PACCAR, mi cliente favorito. Mark dijo, en su voz potente y estentórea:

—¡Steve Ballmer! ¿Cómo lograste la mejor silla en toda la sala?

Aparentemente, Mark y Steve se conocían bien. Steve lo miró confundido, porque no había nada especial en el lugar donde nos sentamos.

—Steve, ¿cómo obtuviste una silla al lado de Roy Phelan? Debes tener contactos aquí —siguió Mark, obviamente bromeando.

Le dijo a Steve que debía hablar conmigo porque yo era muy inteligente e informado, que era el mejor y más importante consultor que alguna vez había trabajado para Paccar. Después de burlarse de Steve, Mark volteó hacia mí y habló conmigo un rato, ignorando completamente a Steve. Fue muy divertido. Claro, fue un triunfo para mí ser felicitado de esta manera enfrente de Joe por mi cliente y vengarme un poco de Steve por no hablar conmigo. Mark salvó mi día.

En fin, durante mis proyectos con Paccar hubo muchos problemas, oportunidades y cosas que celebrar. Trabajé con mucha gente buena onda. Además, retrospectivamente, Paccar era una empresa bien manejada. Después de tomar una decisión, todo el mundo trabajaba duro para asegurar el éxito. Pude haber trabajado más para Paccar, pero todas las cosas buenas deben llegar a su fin. Pasé casi 4 años trabajando allí, y no puedo pensar en un mejor cliente.

La Mordida

En los años ochenta, mi especialidad era hacer empresas de manufactura más eficientes. Para lograr esto, utilizábamos diseños de procesos y sistemas informáticos. Uno de los primeros proyectos que vendí estaba en México, Tijuana para ser más preciso, justo al lado de la frontera.

Para ejecutar el proyecto, empleé 5 analistas de la oficina de la ciudad de México y su líder era Octavio Pérez. Era alto (seis pies y cinco pulgadas) y grande, pero siempre amable y tranquilo. Estaba listo para ayudarme y trabajar duro en todo momento y se sentía orgulloso por su ética de trabajo. También, tenía las mismas expectativas sobre sus compañeros de trabajo. Llegó a ser un buen amigo.

Los mexicanos y yo alquilamos una casa en La Playa de Rosarito (sí, el mismo lugar donde quedé segundo en un torneo de *handball*), aproximadamente a veinte millas de la fábrica. Cada mañana manejaba solo a la fábrica, porque trabajaba desde muy temprano hasta muy tarde. Un día, de camino al trabajo fui detenido por la policía. Al acercarse, el agente me dijo:

—Lo siento, pero usted maneja demasiado rápido y, como no es mexicano, tengo que llevarlo a la cárcel para ver al juez. Pero es un problema, porque la juez está de vacaciones, entonces tiene que quedarse en la cárcel hasta que regrese.

Fue respetuoso y casi compungido. Pero para mí, las palabras "a la cárcel" sonaban muy fuertes, seguramente tenía que emplear mi lengua de plata para salir de este apuro. Tras un breve debate, le pregunté si podía pagarle una multa directamente en ese momento. Lo aceptó y me permitió ir. Qué alivio, era 20 dólares más pobre, pero salió bien.

Para mi sorpresa, este evento sucedió tres veces durante los tres días siguientes. Siempre el mismo policía, el mismo discurso y el mismo pago. Se estaba haciendo caro.

Finalmente, le conté a Octavio lo que me había pasado. Pareció un poco decepcionado y me dijo que iba a manejar cada día al trabajo conmigo para ayudarme. La mañana siguiente, fuimos detenidos por el mismo agente. Enseguida, Octavio saltó del carro y encaró al policía, metió su cabeza por la ventana abierta del coche de policía y comenzó a gritarle. Me quedé en el coche horrorizado. Después de un minuto, regresó a mí y me pidió un dólar, lo tomó, y lo lanzó violentamente dentro de la patrulla. Nunca lo había visto tan enojado, estaba furioso. Finalmente, entró a mi carro y me dijo:

—OK, este policía no va a molestarte de nuevo

Luego, me dio un largo discurso sobre la política mexicana, asegurando que nada podría mejorar hasta que la gente empezara a decir basta.

Sí, Octavio tenía razón. Nunca fui detenido nuevamente, pero dos semanas más tarde, vi al mismo policía en una gasolinera. Me reconoció, y luego miró a su alrededor buscando a Octavio; cuando se dio cuenta de que yo estaba solo, me saludó y sonrió. Ah, mi nuevo amigo mexicano.

Campamentos

Durante mi vida no he ido mucho a acampar, a mis padres no les gustaba estar afuera. Cuando era chico, teníamos un jardín bonito con una piscina y una mesa que podíamos usar para cenar, pero a mi padre no le gustaba. El siempre declaraba:

—Soy el dueño de mi casa, voy a comer en mi casa.

Durante mi juventud hice algunos viajes de acampada. Mi hermano y yo fuimos una vez a Los Apalaches. Íbamos a pasar tres noches en las montañas,

pero la primera mañana una jauría de perros salvajes nos persiguió en el bosque y abandonamos el plan. Otra vez fui a un viaje de tres días en canoa con mi otro hermano; se hizo demasiado largo y lo acortamos. Tuvimos que remar todo el día, cada día. Lo único que recuerdo de estos viajes, es que era casi imposible dormir afuera en la noche.

Mientras mi hijo menor, Michael, asistía a la universidad, se metió en el mundo del camping. Iba a varios lugares para acampar con sus amigos, y a veces solo. En una ocasión me convenció de ir a acampar con él, a Colorado nada menos, y fuimos en mayo, luego de terminar el año escolar. Este primer viaje no fue un éxito, todavía había mucha nieve en las montañas. Por eso y porque hacía demasiado frío, decidimos no quedarnos afuera durante la noche. Pero caminamos mucho, tuvimos que alquilar raquetas de nieve y, aun así, a veces la nieve nos llegaba hasta la cintura. También, es difícil seguir el camino así, la nieve lo esconde. Hacer progresos en esas condiciones era muy complicado, pero aprendimos la lección. Después de esto sólo fuimos en agosto.

Michael y yo hemos hecho muchas excursiones de una a tres noches. Me gustan estos viajes porque Michael es el líder, sabe mucho más sobre camping que yo, así que le permito estar a cargo.

Nuestro último viaje fue un poco diferente. Michael había acampado en Los Apalaches algunos días antes de nuestro viaje. Al parecer, cogió un parásito, por lo que no se sentía bien y no estaba en forma para una excursión en lo profundo de las montañas, necesitaba mantenerse cerca de un baño. Pero, me dijo que yo necesitaba hacer una excursión solo. Él ya lo había hecho y creía que sería bueno para mí. Me hubiera quedado tranquilamente en el apartamento, pero vi la mirada en sus ojos y no quería decepcionarlo. Entonces, decidí hacer una excursión de dos días y una noche en las montañas, solo.

El primer día, mi esposa, Michael y yo fuimos al comienzo del sendero, ellos caminarían las primeras millas conmigo. Al principio, tuvimos problemas con el ganado, porque estaban en mi camino y no querían quitarse. Los toros en el grupo se enojaron mucho conmigo, pero eventualmente se movieron fuera del sendero. Me costó más de una hora y no olían bien tampoco.

Después de despedirme de mi esposa, Michael y el ganado, comencé a caminar en serio. Toda la ruta hacia mi destino era cuesta arriba, mas no tuve problemas en seguir el sendero con mi mapa y mi brújula. También pasé por un valle llano en donde había un lago hecho por una represa de castores, era muy bonita. Tuve que caminar todo el día hasta las cinco de la tarde, subí dos mil quinientos pies (setecientos sesenta metros) de elevación, un paseo duro llevando casi cuarenta libras en la espalda. Finalmente, llegué al lugar de campamento. Acampé justo al lado del Lago Snowmass; al otro lado del lago estaba la cima de la montaña de Snowmass. Muy bonito. Podía oír el viento que siempre soplaba sobre la cima. Aunque era agosto, a casi trece mil pies (cuatro mil metros) de altura hacían 5 grados.

Esa noche preparé la cena que Michael había planeado para mí: arroz y lentejas en caldo de pollo. Herví y herví el arroz, pero no pude cocinarlo completamente, tuve que comer arroz crujiente. Estuve comiendo mantequilla de maní todo el día y luego arroz crujiente… podría haber planeado mejor la comida. Cuando la noche cayó, no estaba completamente oscuro, el cielo estaba lleno de miles y miles de estrellas, todavía podía ver la montaña enfrente. Empecé a pensar en lo que se ocultaba en las sombras del bosque. ¿Un oso? ¿El abominable hombre de las nieves? Me asusté, pero la sensación más fuerte era que estaba solo, completamente solo. Nunca había imaginado lo duro que podría ser sentirse completamente solo. No quiero experimentarlo otra vez.

Finalmente entré en mi tienda de campaña para dormir. En ese momento me pregunté: "¿Qué estoy haciendo? Estoy solo en las montañas, tengo frío y hambre, y mi esposa y mi hijo están en el departamento, calentitos y contentos".

Solo quince minutos después de ir a la cama me di cuenta de que la tienda de campaña estaba toda iluminada. La luz era tan brillante que, si quería, podía leer. Enseguida supuse que alguien me había iluminado con una linterna potente. Fue muy inquietante; primero me enojé, luego me puse nervioso. Creía que venía del sendero y esperaba que la persona se fuera, pero después de lo que pareció una eternidad, todavía seguía ahí. Decidí que tenía que salir a enfrentarlo; no era algo que quería hacer, pero necesitaba que se fuera. Aunque tenía miedo, estaba aún más enojado. Cuando salí de la tienda, me levanté y vi, para mi asombro y alivio, que la luz venía de la luna, se había levantado por sobre la montaña después de que me fui a la cama. Era la luna más grande y brillante que he visto en toda la vida. Qué linda sorpresa. Finalmente podía respirar.

Volví a mi tienda de campaña, peo después de otros quince minutos, comenzó a llover. Llovió y llovió toda la noche. Si has dormido en una tienda, sabes que la lluvia hace mucho ruido. Por supuesto, no podía dormir. En la mañana seguía lloviendo. Esperé hasta las nueve de la mañana y todavía llovía. Eventualmente, decidí que tenía que irme. Empaqué todas mis cosas y comencé a caminar bajo la lluvia. Estaba mojado, cansado y tenía hambre, pero el sendero me llamaba.

La primera parte del sendero era cuesta abajo; era muy fácil y caminaba rápidamente. Fue así por más o menos dos horas, pero después, pude me encontré con una montaña muy grande frente a mí. El sendero iba cuesta arriba y empinado por una larga distancia. Bueno, todo lo que baja tiene que subir.

El camino de regreso fue un buen reto para mí. Me tardé cinco horas en llegar a la cima ¡Qué vista! Claro que el esfuerzo valió la pena. El resto del camino fue fácil, sólo dos horas más de caminar cuesta abajo. Cuando llegué a mi destino, había un camión que me llevó directamente a nuestro departamento. Estaba cansado, pero contento.

Michael estaba orgulloso de mí también. Se rio mucho de mi historia de la luna y me dijo:

—Papá, ¿no sabes que la luna es más grande y más brillante en las montañas?

Aparentemente no.

Esa noche fuimos a un restaurante y la comida me supo tan buena como ninguna que hubiera comido antes.

Ser un guitarrista

Cuando era joven me gustaba escuchar música. Los Beatles se hicieron famosos y vinieron a los Estados Unidos cuando yo tenía más o menos 7 años, fue muy emocionante. Actuaron en el programa de televisión *The Ed Sullivan Show,* un programa de variedades. Nuestros padres hicieron que mi hermana mayor y yo lo viéramos en el segundo televisor, en el sótano. Te juro que, en ese entonces, obtener una imagen clara en el primer televisor era difícil, mucho más en el segundo, tuve que sostener la antena para obtener buena recepción durante todo el programa. Pero valió la pena, los Beatles dieron un buen espectáculo, mi hermana y yo cantamos *"I wanna hold your hand"* a coro con ellos. Me gustaba todo de los Beatles: su estilo de peinado controversial, su ropa, sus actitudes y, sobre todo, su música.

Aunque disfrutaba la música, nunca imaginé que yo podría cantar o tocar un instrumento. Es difícil saber ahora por qué me sentía así. Mi madre y mi hermana tocaban bien el órgano y siempre había música en casa. Incluso aprendí por mí mismo dos o tres canciones sencillas en aquel instrumento, una era el famoso villancico "Noche de Paz". Pero, nunca tomé clases y nadie me sugirió que debía hacerlo. Simplemente nunca se me ocurrió, supongo que sencillamente creía que era algo para otros.

Un día, creo que tenía nueve años, estaba en la casa de un amigo cuando me contó que alguien le había regalado una guitarra a su hermano mayor. Fuimos a su recámara para verla y me fascinó en ese instante. Nunca había visto una guitarra en vivo. Mientras mi amigo la rasgueaba (terriblemente por supuesto), lo único en lo que pensaba era "cuidado, cuidado". Me parecía muy especial ese instrumento. Me preguntó si quería hacerlo yo también y automáticamente le dije "No". Tenía mucho miedo de tocarla. Aunque probablemente la guitarra fuera barata, casi un juguete, creía que era muy preciosa y no quería romperla. Claro, quería tocarla, pero no me lo permití.

Durante mi adolescencia, a principios de los años setenta, escuchaba música como la mayoría de los muchachos. Tenía la suerte de vivir en un tiempo de mucho cambio y exploración en la música. Bandas como Pink Floyd, Led Zeppelin, The Rolling Stones, The Doors, The Allman Brothers, Marvin Gaye y Grand Funk Railroad, estaban en su apogeo. Las escuchaba mucho, especialmente en mi Mercury, al que le instalé un estéreo de 8 pistas. Siempre fingía ser el guitarrista de la banda, mi fantasía era ser como Carlos Santana, Keith Richards o Jimi Hendrix. Pero sabía que sólo era una fantasía, ¿quién era yo para creer que podía ser guitarrista? En mi mente tenía que conformarme con tocar la guitarra de aire y en eso me metí; pero claro, solo en privado.

Más tarde, cuando estaba en la universidad, mis amigos y yo íbamos cada jueves a un restaurante que tenía a la vuelta de la esquina una tienda de empeño que de vez en cuando visitábamos. Un día vi allí una guitarra que parecía nueva. Me sorprendió saber que podía comprar ese valioso instrumento por sólo 100 dólares. Las ruedas en mi mente empezaron a girar. ¡Podría ser mía! Era una hermosa Yamaha, pero cualquier marca habría bastado, no sabía nada de marcas en ese entonces. Durante varias semanas seguidas fui a verla, hasta que finalmente me entregué a mis deseos y la compré. Estaba muy emocionado, tenía mi propia guitarra y creía que era hermosa y que sonaba perfecta.

Claro, no tenía ninguna idea de cómo tocarla, pero tenía dos amigos que sabían tocar y busqué a uno para que me enseñara algunas cosas. Me enseñó los tres acordes más importantes: Sol, Do y Re, y un ritmo sencillo. Aprendí que se pueden tocar muchas canciones una vez que se conocen estos tres acordes. Los practicaba todos los días, pero rápidamente supe que no era un guitarrista nato. Tuve que practicar mucho y como estaba decidido, finalmente pude tocarlos. En los años posteriores, mi amigo y otros me enseñaron varias cosas más. Después de graduarme, sabía tal vez seis acordes y podía tocar, quizás, diez cosas diferentes, aunque sólo eran fragmentos.

Seguí practicando cuando fui a Michigan para estudiar negocios. Durante dos años toqué las mismas cosas y nunca me aburrí. En una ocasión, fui a la casa de mis padres para las vacaciones (necesitaba un descanso de mi trabajo construyendo mesas médicas) y, claro, llevé mi guitarra, nunca se apartó de mi lado. Allí vi que mi madre tenía una grabadora de carrete vieja que tenía micrófonos, se me ocurrió que podía usarla para grabar y determiné una manera de hacerlo y transferir las canciones a un casete. No era la última tecnología, pero funcionó. Hice un plan para la grabación, iba a grabar todo lo que sabía tocar. Incluso, convencí a mi hermano Patrick de ser el cantante en dos canciones.

Estaba emocionado, pero sabía que algo faltaba. Necesitaba una pista principal, algo especial. Entonces, decidí componer mi propia canción. Claro, iba a ser una pieza instrumental y sencilla, porque ya había escrito una canción una vez antes y sabía que implicaba mucho trabajo. Empecé un día, trabajando doce horas por día y, tres días más tarde, tenía mi canción. Advertí, muchos años más tarde, que mi canción rompía muchas de las reglas musicales, pero de todos modos me gustaba y todavía me gusta. Como la escribí entre Navidad y el día del año nuevo, la llamé *Holiday Blues*.

Luego, empecé a grabar mi disco. Inmediatamente supe que tomaría mucho tiempo hacerlo, pero estaba obsesionado, casi consumido. Cometía muchos errores y cada cosa que tocaba me costaba muchos, muchos intentos. Me di cuenta de lo mal guitarrista que era, cometía error tras error. Por seis días trabajé todo el día, a veces también por la noche. Tuve que descansar un rato para Navidad (¡No iba a faltar a misa sólo para tocar tu guitarra!), pero regresé a mi tarea tan pronto como pude. Lo más divertido fue cuando mi hermano y yo hicimos las dos canciones en las que él cantaba. Claro, no podía cantar bien, pero definitivamente lo hacía mucho mejor que yo. Una canción era *Country Roads*, de John Denver, y la otra era *House of the Rising Sun*, un hit de The Animals. Me encantan las versiones que hicimos. No es buena música, pero es mi música. Mi hermano y yo decidimos que estaban bien para dos muchachos que no tenían talento y nunca habían tenido ningún tipo de entrenamiento.

Todavía tengo esa grabación de 1978. La convertí a un archivo digital y puedo escucharla en mi computadora, es fantástico; no la calidad de la música, solo el hecho de que tengo algo que creé hace 50 años.

En las décadas siguientes, seguí tocando mi guitarra, pero sin la misma intensidad. En nuestros departamentos y casas siempre teníamos una sala de música, un lugar donde podía tocar mi guitarra. Intenté escribir más canciones, pero nunca con mucho éxito. Sólo toqué las mismas cosas por más de treinta años. Intentaba mejorar, pero estaba ocupado con otros asuntos.

Después de jubilarme, decidí comprar una guitarra eléctrica. Siempre había querido tocar el solo de la canción "*Hotel California*" de los Eagles. Saqué la música de internet y empecé a practicarla; nunca hice algo tan duro como esto. Trabajé horas y horas, nota por nota. Pero no estaba desalentado, todo lo contrario, estaba obsesionado. No quería parar hasta poder tocar esta canción. Me tardé un año hasta que al final pude tocar junto con la pista. Pero como sabía que no tenía las habilidades básicas para tocarla correctamente, seguí practicándolo. Hasta el día de hoy, es una de mis mejores obras.

Finalmente, después de jubilarme, hace más o menos 15 años, decidí tomar clases y aprender realmente cómo tocar la guitarra. Este fue un gran paso para mí, en las lecciones tenía que tocar enfrente de un verdadero músico. Estaba muy nervioso, pero estuvo bien. Siempre estaba altamente motivado y trabajaba duro, a veces, practicaba hasta cuatro horas por día. Lo disfruté mucho. Lentamente empecé a mejorar. Solía hablar sobre mi experimento con mis hermanos y ellos querían escucharme y monitorear mi progreso, así que comencé a grabar en video lo que aprendía. Eventualmente, creé un canal en YouTube y allí subía mis videos. Ahora tengo un registro de todas las canciones que estudiaba, más o menos 140.

En un momento, le dije a mi profesor que quería aprender la canción "*Both Sides Now*". Es una versión instrumental en punteo del disco *Will the Circle be Unbroken* que se lanzó en 1972, un álbum doble liderado por la banda *Nitty Gritty Dirt Band*, que incluye a muchos artistas country famosos. De hecho, esta canción es la que me inspiró a comprar la Yamaha 30 años antes. Encontré la música en Internet y, en el momento en que empecé a aprenderla, creía que nunca lo lograría, sería demasiado difícil. Pero seguí tratando y me tomó casi tres meses, pero aun así pude hacer una grabación de la que me sentí orgulloso. No se comparaba a la original, pero para mí fue la realización de un sueño que había tenido por 40 años. Ahora tengo cuatro versiones en mi canal, y sigo tratando de hacer una buena interpretación. (Puedes escucharla aquí: https://www.youtube.com/watch?v=4689YYSSnEo)

Ahora, estoy en mi año 15 de aprendizaje. Todavía me siento como un principiante, estoy nervioso durante las lecciones, no quiero tocar para personas fuera de mi familia, pero aún me encanta. A pesar de que no soy experto, que nunca voy a ser bueno, aún tengo el sentimiento que tenía cuando era muchacho, escuchando la radio, imaginando que tocaba la guitarra con Los Beatles.

No soy un 28

Mis padres jugaban golf casi todos los fines de semana durante el verano. Un día, les dije que yo quería jugar también. Mis hermanos menores ya lo habían jugado y quería probarlo. En ese momento de mi vida tenía la alucinación de que era un atleta sin igual y que, por supuesto, iba a dominar el golf. Pero, primero, había un problema: no tenía palos.

Una navidad, cuando tenía 13 años, mis hermanos y yo nos despertamos y fuimos con prisa para ver y abrir nuestros regalos, como hacíamos todas las navidades. Mientras abría los míos, noté que mis hermanos habían recibido más regalos que yo. "No hay problema", pensé, "soy más grande y mis hermanos todavía son niños". Claro, tuve que reprimir mi sensación de envidia, pero todo estaba bien, lo podía manejar. Después de abrir mi último regalo, con emociones variadas, decidí ser feliz con lo que tenía. Pero, después de un rato, mi madre me preguntó:

—¿Te falta algo?

—No —le respondí—, todo está bien.

Luego ella me preguntó:

—¿Qué es esa cinta cerca de tus regalos?

Vi una cinta que daba la vuelta alrededor de la sala y luego entraba a otra. Ella continuó:

—Debes seguir esa cinta para encontrar a dónde va.

Siempre obediente, seguí la cinta afuera de la sala, a través de otra y hacia un armario. Abrí la puerta y encontré algo muy especial, mi primer juego de palos de golf. ¡Qué emoción! Era muy especial recibir un juego completo de palos de golf.

Cuando la primavera llegó, fui al campo de golf con mi padre. Tenía trece años y estaba a punto de jugar mí primer juego de golf. Sólo puedo recordar dos cosas de este día. Uno, golpear una pelota de golf es más difícil de lo que había creído. Era horrible, fallé el tiro completamente muchas veces. Dos, mis pies ya eran más grandes que los de mi padre. Tuve que pedirle prestados zapatos de golf a mi padre, me costó mucho ponérmelos y después de los primeros hoyos, tenía una ampolla grande en la parte posterior de mi talón. Cojeé durante muchos de los hoyos. Durante los días siguientes, la ampolla se infectó y tuve que ir al hospital y dejar la escuela por una semana. Mi primera experiencia con el golf no fue buena.

Desde allí, las cosas sólo empeoraron. La siguiente vez que jugué golf fue con mis hermanos. Durante ese juego, me di cuenta de que mis hermanitos eran mejores que yo. Esto no me gustó para nada. Tenía dos y tres años más que ellos y creía que no había ningún deporte en el que fueran mejores que yo. Fue un golpe severo a mi ego. Después de perder algunos juegos más con mis hermanos, decidí que el golf no era para mí y dejé de jugar. Colgué los guantes —en este caso, los palos— a los 13 años de edad. ¿Tienes la impresión de que era demasiado competitivo? Aparentemente era competitivo, pero me faltaba la madurez para manejarlo.

No jugué golf durante años. Como ya sabes por mis otras historias, algunos años más tarde encontré mi deporte favorito y no tuve tiempo ni interés en el golf.

Veinticinco años más tarde vivía en Cleveland, Ohio, y trabajaba como consultor. Mi trabajo era vender proyectos a varias corporaciones y luego ejecutarlos. Tuve éxito en la venta de un proyecto a Caterpillar, una corporación que hace equipos de construcción grandes. Era un concurso competitivo y un día el jefe de Caterpillar me llamó para contarme su decisión. Me llamó para decirme que me habían concedido el contrato, pero había una condición. Bueno, pensé que podía haber tenido diez condiciones y todavía hubiera estado feliz. Me dijo que la única condición era que jugaban golf todos los jueves en la tarde.

—Bueno —respondí—, vayan y jueguen golf, me parece bien. Puedo quedarme aquí en la oficina para trabajar.

—No —me explicó—, no me entiendes, dije que *nosotros* jugamos golf todos los jueves. Tienes que jugar con nosotros.

—Pero no juego golf —me quejé—, soy horrible.

—Bueno —me dijo—, entonces no vas a ganar, será mejor para nosotros.

Claro que tuve que estar de acuerdo, el cliente siempre tiene razón.

Busqué y compré nuevos palos (había perdido mis palos de navidad mucho tiempo atrás), los más baratos que pude encontrar, y practiqué una vez antes de jugar con ellos. No recuerdo exactamente cómo estuvo este día, seguramente jugué mal, pero al final todo estuvo bien. He practicado deportes toda mi vida y me siento cómodo en ese ambiente. Claro, perdí un poco de dinero, pero estoy seguro que ese fue el menor de mis problemas.

Aquel verano practiqué casi todos los fines de semana para jugar mejor los jueves. Mis nuevos compañeros no eran los mejores jugadores tampoco y al final del verano tenía casi la misma habilidad que ellos. Una cosa es segura, nos divertimos mucho. En total, el proyecto duró dos años, la mayor parte se llevó a cabo en Houston, Texas, donde, debido al clima, podíamos jugar golf todo el año, y es lo que hicimos.

Seguí jugando golf ocasionalmente. Todavía pasaba mucho tiempo jugando al raquetball y teníamos tres hijos pequeños, por lo que no tenía suficiente tiempo para dos deportes. Pero cuando el jefe de nuestra oficina se dio cuenta de que jugaba golf, quiso jugar conmigo. Bueno, otra oportunidad para humillarme. Me llevó a un club de golf que era muy bonito. Me dijo que sería bueno si me unía al club porque podía hacer buenos contactos de negocios allí. Bueno, una oportunidad para matar dos pájaros de un tiro.

Ahora necesito decirte sobre algo técnico del golf. El golf tiene un sistema de nivelación de juego o de compensación que se llama el *hándicap*. Cuanto más bajo es el número, mejor jugador eres. Un hándicap de uno o cero significa que eres un buen jugador. Más de veinte, no eres bueno. Más de treinta, eres horrible.

Me uní al club de mi jefe y cuando empecé a jugar por allá, ponía mis resultados en el programa. Después de jugar unos partidos de golf estaba emocionado por ver mi hándicap entonces fui a la cartelera a buscarlo. Empecé arriba de la lista y tuve que leer hasta el fondo, descubrí que mi hándicap, ¡era 28! Mucho más alto de lo que esperaba, ¡estaba en el fondo de la lista! Miré a mi alrededor y vi que muchos de los hombres eran viejos y no estaban en buena forma, panzas enormes dominaban la escena. Seguramente debía haber podido ser mejor que ellos. Pero no. El hándicap nunca miente. Tuve que aceptar mi destino, era un mal golfista.

Pero en vez de deprimirme, esa revelación hizo aflorar mi naturaleza competitiva y decidí mejorar mi juego. Iba a escuelas de golf y practicaba siempre que podía. No era un jugador nato, tuve que cambiar mucho en mi swing y en la manera que atacaba el juego. Nada era fácil. Pero con tiempo y trabajo, mejoré. Lo más bajo que llegó a ser mi hándicap fue cuatro, totalmente respetable para una persona que empezó a jugar a los 38 años. Me costó miles de horas, pero fue una gran mejora y estoy orgulloso de esto.

Una cosa que me encantó es que mi hijo mayor se interesó en el golf, probablemente en parte debido a la popularidad de Tiger Woods cuando era niño. Pasamos buenos momentos jugando juntos mientras crecía. Le compré sus propios zapatos de golf para que no le salieran ampollas.

Durante aquel tiempo jugaba muchas veces con diferentes compañeros. En los negocios, usaba el golf muchas veces para mejorar relaciones con mis clientes. Cuando entraba en una oficina por primera vez, siempre veía alrededor para encontrar cualquier evidencia de golf. Si encontraba evidencia, de algún modo el golf entraba en la conversación. Muchas veces jugaba al golf con personas a quienes trataba de vender proyectos. Nunca cerré un acuerdo en el campo de golf, pero sabía bien que, después de jugar golf con alguien, la probabilidad era más grande.

Así termina mi relación con el golf, una historia de amor y odio, eso seguro. Aunque ya no lo juego tan a menudo, me enseñó mucho. Claro que aprendí a tener más paciencia y disciplina, pero también, y todavía más importante, la experiencia del golf es social, es una oportunidad de conectar con alguien y conocerlo mejor. Durante dieciocho tortuosos hoyos, resulta imposible no desnudar tu alma ante tus compañeros. Entonces, si quieres mejorar tu relación con alguien, o si estás abierto a aprender un poco sobre ti mismo, te recomiendo que pruebes una ronda. Quién sabe, quizá te enganchará a ti también.

La guerra

Había una sombra que acechaba desde arriba la pequeña isla de paz que era mi pueblito. Era un evento que, aunque había pasado ya veinte o treinta años atrás, afectó tanto a la gente que todavía seguía siendo una parte importante de la cultura y la sociedad; hablo de La Segunda Guerra Mundial. En efecto, crecí rodeado por sus secuelas. Como niño, era imposible esconderse de su influencia. La mayoría de las películas en el cine todavía trataban sobre la guerra; todos los políticos, los actores y los cantantes famosos participaron y la mencionaban en cada oportunidad. El patrocinador de mi equipo de béisbol era Veteranos de Las Guerras Extranjeras (VFW). Jugábamos "guerra" en los parques, siempre contra los alemanes y japoneses. La juguetería local estaba llena de soldados, tanques y armas de plástico. Aún cantábamos rimas que ridiculizaban a Hitler y a Mussolini.

En mi familia, mi padre y dos tíos eran soldados. Un tío fue prisionero de guerra en Alemania durante dos años y tenía problemas serios debido a esta experiencia. No podía dormir, no podía mantener un trabajo; pero, especialmente a los ojos de los niños, todavía era un héroe. El uniforme de mi padre colgaba en su armario, y de vez en cuando yo le echaba un vistazo. A veces, me lo probaba para ver si me quedaba.

Era una medida que usaba para ver si era suficientemente hombre. Todavía tengo sus medallas. Cuando dos hombres se conocían, a menudo escuchabas la pregunta:

—¿Qué hiciste durante la guerra?

O sólo:

—¿Dónde serviste?

Todo el mundo sabía lo que esta pregunta implicaba. A un niño como yo, le sonaba como "¿Eres un hombre?".

Nadie hablaba mal de la guerra. Nadie decía que la guerra era una cosa horrible, que era muy triste que tantos jóvenes murieran terriblemente. ¿Hablábamos del Holocausto? No, nunca. Era como si el Holocausto no hubiera pasado; al contrario, la guerra era algo bueno porque, obviamente, ganamos. Fue nuestro nacimiento como el país más poderoso del mundo. No, la guerra era algo de lo que estábamos orgullosos. Conquistamos Japón y Alemania cuando los franceses, los ingleses y los chinos no pudieron. También, todo lo que hicimos en la guerra era perfectamente justificado, éramos los buenos y ellos eran los malos. Así era, tan claro como el día.

Todos los hombres que yo admiraba habían luchado en esta guerra, habían sido soldados. Eran héroes, llevaban esta insignia de honor a lo largo de sus vidas. Yo sabía que mi padre había estado en la fuerza aérea, que mi entrenador de béisbol había sido marinero (ni siquiera cambió su estilo de pelo) y que mi profesor de matemáticas había sido un soldado de infantería en Francia y Alemania. Encima, mi hermana se casó con un veterano de la guerra de Vietnam cuando yo tenía 15 años. Me sentaba ansiosamente al lado de mis hermanos mientras mi cuñado nos mostraba sus fotos del conflicto de Vietnam; claro que lo admirábamos por su experiencia.

Por todo eso, desde una edad muy joven, pensaba que iba a servir y pelear en una guerra. En mi mente, era lo que todas las generaciones de hombres hacían. Si querías ser hombre, tendrías que pelear, era un hecho. Cuando estaba en la prepa, pensé que seguramente iba a ir a Vietnam y lo acepté naturalmente. Sabía que iba a ser mi oportunidad de probar que era digno de ser hombre. Apliqué a West Point, la primera academia militar de nuestro país, porque sabía que debería ser un oficial. Fui aceptado después de un largo proceso y estaba orgulloso. Todo iba según el plan.

Durante un año, creí que iba a ser un soldado. No tenía dudas de que sería un héroe. No me jactaba, pero creo que había un poco más de energía en mi pisada. Luego, algo pasó, algo que no esperaba, el gobierno anunció que el conflicto iba a terminar. El último día de la guerra fue en marzo de 1973, sólo 2 meses antes de que me graduara de la prepa. ¿Qué iba a hacer? No quería ser un soldado sin guerra, para mí no tenía sentido. No podía imaginar algo más frustrante y aburrido. Entonces, decliné la opción de entrar a último minuto y, en cambio, fui a otra universidad. No estaba devastado, estaba simplemente decepcionado. Tenía que centrar mi atención en otras cosas, y fue lo que hice.

En realidad, tuve suerte, pero no me sentía afortunado. Sentía que había perdido algo, que había perdido un propósito importante. Sabía que era algo bueno para mi país y que esa guerra probablemente no tenía sentido. Por supuesto que no quería que la guerra siguiera sólo para mí. Era claro que estábamos luchando en contra de la mayoría de la gente de Vietnam, quienes tenían el derecho a decidir qué tipo de gobierno necesitaban. Pero no he podido dejar de pensar que los hombres que pelearon en esa guerra y las otras, tienen algo que yo no tengo. Son socios de un club especial. Para mí no es un sueño destruido, sino más bien una expectativa insatisfecha.

Aquí estoy, más de cincuenta años después, y todavía siento este espacio vacío. Sí claro, mi lado racional acepta que he tenido una buena vida y que algo terrible podría haber pasado si hubiera ido a Vietnam. Tal vez habría descubierto que era un cobarde, quizá la cosa más horrible que podría haber pasado. Pero el niño dentro de mí, él que vivió en un pueblo pacífico hace mucho tiempo, todavía siente que le falta algo. Que tenía un propósito que nunca cumplió y así se me va a acabar la vida.

Gracias por escuchar mi historia. Espero que puedas entender esta pequeña pieza de mí sin juzgarme. Sé que los tiempos son diferentes hoy, que es mucho más obvio lo horrible que es una guerra y que glorificarla es vergonzoso. Hubiera sido mucho más fácil no compartir esta historia contigo y decir simplemente que las guerras son malas, y que tendrías que estar loco para querer pelear en una. Cuando los demás lo dicen suena normal y natural, pero para mí es difícil. También espero que mi país haya aprendido mucho de sus fracasos de Corea, Vietnam, Iraq, Siria y Afganistán, por mencionar unos ejemplos. Aún más, espero que las próximas generaciones no tengan que crecer pensando que tienen que luchar en una guerra para probar que son hombres. Hay muchas maneras mejores.

David Abraham

Cuando cumplí cincuenta años, decidí cambiar de deporte, del handball al raquetbol, un deporte similar, solo que se utiliza una raqueta en lugar de las manos. La popularidad del handball había disminuido mucho y había más gente jugando al raquetbol. Además, era más cómodo para mi espalda, así que fue una decisión fácil.

He jugado raquetbol en un centro comunitario desde hace veinte años con un grupo de más o menos treinta jugadores que rondan mi edad. Somos mayores ahora, pero todavía nos gusta compartir nuestro deporte favorito. Es un buen grupo de todos los ámbitos de la vida: abogados, ingenieros, comerciantes… Incluso juega con nosotros un rabino.

Pero hay un hombre que es muy diferente del resto, se llama David Abraham. Después de conocerme, David siempre estaba muy emocionado de verme. Cada vez que me veía, sus ojos se abrían y me decía.

—Apúrate, apúrate, juguemos ya.

A este hombre le encantan los retos, el juego duro. No le importaba cuántas veces perdía, quería más, siempre tenía hambre de competencia. Por supuesto, me encantaba jugar con él también, su energía era contagiosa.

David es judío ortodoxo, nació en Ucrania. Una vez me contó que emigró a los Estados Unidos cuando tenía veintiún años, pero no era algo que quería hacer porque estaba muy feliz en su país. Había terminado la escuela de medicina a los veinte años de edad, y trabajaba como médico en un pueblo (supuestamente la escuela de medicina sólo dura un año en Ucrania). Me dijo que le gustaba ser médico en ese pueblito porque era el único, y todas las chicas allí estaban interesadas en él, debido a que ser un médico lo hacía un hombre importante. Incluso me dijo que ellas hacían fila para verlo. Probablemente exageraba un poco, pero todavía sonaba como si estuviera en el paraíso. Entendí bien por qué no quería emigrar, pues ¿qué podía haber sido más importante para un muchacho de veinte años? Pero, al final de cuentas, Ucrania no era un lugar seguro para los judíos y tenía que salir con su familia

Cuando llegó a los Estados Unidos, David no hablaba ni una palabra de inglés. A pesar de que ha hablado inglés por cuarenta años, todavía hoy tiene un fuerte acento y sus propias expresiones extrañas. No sé si pueda darte el sentido completo en español, pero un ejemplo de sus expresiones es "hagamos esta cosa" (*let's do this thing!*) cada vez que empieza un partido. No sé cómo suena esta expresión en español, pero puedo decirte que, en inglés, cuando oyes esto por primera vez, suena extraño. Mas lo decía con buena energía y ahora todo el mundo en el centro lo dice, incluso yo. Tal es el poder de su personalidad.

Bueno, cuatro cosas que definen a David con respecto al raquetbol. Primero, David no siente dolor. En raquetbol, la pelota puede ir a más de cien millas por hora, y cuando te golpea, a menudo en la parte posterior de la pierna, duele mucho y deja un moretón grande. Los moretones siempre se parecen al sol, blancos en el centro y púrpura alrededor. Cuando la pelota me golpea, siempre necesito un minuto para recuperarme, porque habitualmente hay treinta segundos de dolor extremo. Pero esto no sucede con David. Puedes golpearle con la pelota tan duro como puedas y nunca vas a ver evidencia de dolor, en la manera en que se mueve ni en su cara. Recuerdo una vez cuando la pelota le golpeó en la cara, sus lentes volaron y su cara estaba de color rojo fuerte. Aun así, simplemente recogió sus lentes, se los puso y siguió jugando como si nada pasara. Muy impresionante. Otra cosa, cuando la pelota golpea a su contrincante, este no debe reaccionar, porque es seguro que David le haría un comentario irrespetuoso.

Segundo, David tiene respeto por los que juegan duro, no importa su nivel de habilidad. Puedes ver, por la manera en la que juega, si siente respeto por ti. Si tienes su respeto, David juega duro y tal vez te vencerá por muchos puntos. Pero, si no tienes su respeto, juega flojo, simplemente quiere salir de la cancha. Se pueden leer sus emociones como si fuera un libro abierto.

Tercero, David juega para siempre. Cuando empiezas a jugar con David, no esperes que deje de jugar pronto, juega hasta que las puertas se cierran y se apagan las luces. Cuando le dices a David que has tenido suficiente, te mira como a un niño que quiere ir con su mamá. Nunca se cansa.

Cuatro, David juega aún más duro cuando hay espectadores. La pared posterior de nuestras canchas es de vidrio y, detrás de las canchas, hay un salón abierto donde normalmente la gente se reúne o espera. A menudo, si están interesados, ven los partidos de raquetbol. Normalmente, cuando David y yo jugamos, jugamos duro, ambos queremos ganar. No quiero que David crea que puede vencerme, nunca dejaría de escucharlo. Quiero ganar tantas veces como pueda. Pero, cuando hay personas que están mirándonos, puedo sentir que la energía de su juego aumenta. Es cuando tenemos nuestros juegos más intensos. Si, le importa lo que la gente piensa de él.

Puedes ver ahora que David no le cae bien a todo el mundo. Tiene opiniones fuertes sobre cómo debe comportarse un hombre. Si no puedes manejar sus opiniones, no va a caerte bien. Muchos de los jugadores evitan a David, dicen que es demasiado orgulloso, que le encanta jactarse, nunca dice nada agradable, se burla de todo, etc. Pero siempre he creído que David es más que eso. Desde el día en que nos conocimos vi ambas facetas de David: el lado cascarrabias y el lado al que le encanta la competencia, el trabajo duro y las personas que comparten esos valores.

Cuando el padre de David murió, mi esposa vio el aviso en el periódico y me dijo que debía ir a su casa para darle el pésame. Es la costumbre de los judíos tener un "*shiva*" (un período de duelo de 7 días para los familiares directos) cuando alguien muere. Le dije que no quería ir, pero ella insistió. Le dije que no quería ir porque no estaba cómodo en una casa ortodoxa y que David era un compañero de raquetbol, no un amigo verdadero. Pero ella siguió insistiendo y, finalmente, decidí ir.

Cuando llegué a la "*shiva*", vi a David con su familia. Me saludó cordialmente, estaba feliz de verme. No podía hablar porque estaba de luto, pero durante la visita, pude ver cómo es David con su familia. Noté que tenía buena relación con todos ellos. Tuve una buena plática con su cuñado, me dijo que toda la familia amaba a David. Me contó que cuando David y su familia llegaron a los Estados Unidos fue difícil encontrar trabajo. Su padre fue contratado y en seguida despedido. Ellos tenían miedo de que la vida fuera difícil en los Estados Unidos. Entonces, David decidió que tenía que empezar su propio negocio, de esta manera, toda la familia podría tener trabajo. Ahora David tiene un negocio exitoso y hay doce miembros de su familia que trabajan con él. Me dijo también que David trata a todos sus empleados como si fueran familia. Le pregunté si David era cascarrabias en la oficina y me respondió que por supuesto, pero que todo lo que tenían que hacer era llamar a su esposa y luego David iría a verlos para disculparse. Había muchos empleados más en la *"shiva"*, pero yo era el único jugador de raquetbol. Otra vez estaba feliz de haber seguido el consejo de mi sabia esposa.

Después de esto, me sentí más cerca de David. Me di cuenta que había un tono diferente en su voz cuando hablábamos. Voy cada año que me invita a su casa para celebrar el *"sukkot"*. Los hombres se sientan y cenan y las mujeres los sirven. Muy interesante, pero igual sabemos bien quién es la jefa en esa casa.

A veces, David dice cosas que me hacen pensar. Una vez estábamos sentados juntos esperando para jugar cuando un jugador viejo (¡mayor aun que nosotros!) se nos acercó y nos dijo:

—Desearía ser más joven.

David me miró y dijo:

—Cuando éramos jóvenes, no podíamos esperar a ser adultos, cuando llegamos a ser adultos, no podíamos esperar a ser exitosos, a ser padres y luego abuelos. Ahora, incluso con todos nuestros dolores y molestias, es el tiempo para ser feliz con lo que tenemos, lo que hemos hecho y con quienes somos. Si no es ahora, ¿cuándo?

Perfecto, pensé, bien dicho. El otro jugador ya se había ido y no oyó la respuesta de David. Bueno, de todos modos, David no le hablaba.

Otra vez, otro jugador llamó a David "ruso loco". Sólo era una broma, David probablemente había dicho algo tonto. Pero, después de que ese jugador se fuera, David me dijo:

—Cuando vivía en Rusia, no era ruso, era judío. Incluso no podía decir que era ruso, me habría puesto en peligro y a mi familia también. Simplemente no era aceptable decir que era ruso entre los judíos. Pero después de llegar a los Estados Unidos, no sé cómo, pero me convertí en ruso. Todavía, después de cuarenta años, no me siento cómodo diciendo "soy ruso". Cada vez que oigo esto, miro para atrás para ver si alguien me está escuchando.

Podía vislumbrar algo raro en su alma. La vida como judío en Rusia debió haber sido difícil.

Una noche, David y yo terminamos de jugar tarde, como siempre. No había muchas personas en la sala detrás de las canchas, sólo una madre y sus dos hijos. Uno de sus hijos tenía parálisis cerebral y estaba en una silla de ruedas. Podía mover un brazo, pero su cabeza y sus piernas no podían moverse y no podía hablar, solo hacía sonidos. El hijo menor, que estaba sano, había encontrado una pelota y jugaba. En ese momento David comenzó a hablar con los niños, pero yo tenía prisa, como siempre, y fui a bañarme. Después de bañarme y vestirme, volví a la sala y David estaba allí jugando con los niños. El niño en la silla de ruedas trataba de lanzar la pelota en el cesto de la basura y el otro la recuperaba y se la devolvía a su hermano; se podía ver el entusiasmo en los ojos del niño en la silla de ruedas. El comportamiento de David era perfecto también, muy alentador, pero no se interponía tampoco. Me senté para mirar por un rato y la madre se sentó a mi lado llorando lágrimas de alegría. Cuando la vi, tuve que luchar contra mis lágrimas. David se nos acercó mientras los niños jugaban juntos, y ella le dijo a David:

—Muchas gracias, me has traído mucha alegría.

El gran y malvado David respondió:

—No me agradezcas, esto fue lo más divertido que he hecho en mucho tiempo. Gracias a ti por la oportunidad de jugar con tus dos hermosos niños.

Qué caballero. Tuve que girar la cabeza para esconder las lágrimas; claro, no quería que David me viera llorando. David siguió comportándose como si lo que había hecho fuera normal y algo que cualquiera haría.

Al día siguiente, oí que David había salido de la pista por repugnancia por los otros jugadores. Les había dicho:

—Si este partido no les importa, no me importa tampoco, adiós.

Oh, David, que enigma.

Mi Cinturón

Hace más de 20 años, mi hijo menor y yo hicimos un viaje a Arizona para visitar a mi madre. En uno de los tantos días que nos quedamos con ella, visitamos un pueblo llamado Jerome. En 1920 solía ser un pueblo minero con más de 50 mil habitantes, pero cuando se acabaron el hierro y el cobre, se convirtió en un pueblo fantasma. Su población disminuyó a menos de cien personas entre las décadas del cincuenta y el  setenta. Luego, en los ochenta, empezaron a mudarse allí artistas. Aunque todavía hay muchos edificios abandonados, ahora es una colonia de arte y turismo. Está ubicado a gran altura, 5 mil pies sobre el nivel del mar, en las montañas. La vista del desierto de abajo es increíble. Si bien el camino hasta allí puede ser espantoso para los pasajeros, te recomiendo mucho que lo visites si alguna vez estás en Arizona.

Ese día encontramos una curtiduría donde vendían marroquinería muy bonita. Recuerdo que este lugar olía muy bien, me encanta el olor del cuero. Como me encantan los cinturones de cuero natural, decidí que compraría uno. Encontré uno que era perfecto para mí, era informal pero muy bien hecho. La piel parecía muy natural, de color marrón claro y la hebilla era sencilla pero fuerte. Después de comprarlo, llevaba este cinturón siempre que podía, y así fue por diez años. Cómo muchas cosas bien hechas, se estaba desgastando perfectamente también. Entre más envejecía, se volvía aún más lindo.

Mientras estaba en México la primera vez, fui a un partido de fútbol con un grupo de otros estudiantes. Antes de entrar al estadio, nos dijeron a los hombres que nos quitáramos los cinturones. Aparentemente, habían tenido problemas con los hombres y sus cinturones en el pasado. Entonces, nos quitamos nuestros cinturones, los atamos a una cerca, con otros cientos de cinturones y luego entramos al estadio a ver el partido. Fue un buen partido, aunque La Franja de Puebla perdió. Lo peor de todo fue que, cuando salimos del estadio, que sorpresa, nuestros cinturones habían desaparecido. Perdí mi cinturón favorito y un recuerdo importante también.

Durante los siguientes 18 meses busqué un nuevo cinturón. Como muchas cosas cercanas a mi corazón, fue difícil encontrar un reemplazo. Eventualmente, fui a visitar a mi hermano en Londres. Fue mi última visita a él en Londres, porque estaba a punto de mudarse a Pakistán. Él, su novia y yo fuimos a Camden Market un día, y dentro del mercado encontré una pequeña tienda que vendía marroquinería. El olor del cuero en esta tienda era fuertísimo también. Eché una mirada a los cinturones con bajas expectativas, pero, para mi sorpresa, parecían muy bien hechos. El cuero era de alta calidad y el color era perfecto también. Me di cuenta de que, finalmente, había encontrado un digno reemplazo para mi viejo amigo. La vendedora era una artista joven de Italia, entendió que este cinturón iba a ser importante para mí, por lo que elegimos juntos la mejor hebilla y cortó la piel al talle correcto e hizo los agujeros especialmente para mi cintura. Luego, el toque final, grabó mis iniciales en la lengüeta. Perfecto. No podía haber estado más feliz con mi nuevo cinturón. Me recordaba al original y también mi última visita a mi hermano en Londres. Tenía un cinturón para el resto de mi vida. Puedo asegurarte que no iba a ir a un partido de fútbol en México con este cinturón.

Después, años más tarde, fui a México otra vez. Estaba disfrutando mi visita y estudiando español diligentemente cuando un día, en la segunda semana, noté que mi cinturón era diferente. ¡No era el cinturón que había comprado en Londres! Era un poco similar, pero era de un color diferente y no tenía mis iniciales. Qué desastre. Parecía que alguien había intercambiado cinturones conmigo. Pero, ¿Cómo? Sería imposible cambiar cinturones con otra persona. No era mi hábito remover mi cinturón de mis pantalones durante el día, así que no podía imaginar cómo podría haber pasado. Busqué en todos lados, hablé con todos los otros estudiantes, lo busqué en todos los lugares a los que había ido, incluso el gimnasio y en el estudio de yoga. No podía encontrarlo en ningún lugar. Estaba confundido y devastado. Caminé en un trance el resto de mi viaje.

Claro, caí en una depresión profunda. Echaba de menos mi cinturón y odiaba al nuevo, el impostor. Pero seguía llevándolo, no quería que mis pantalones se cayeran antes de llegar a casa. Pocos días después decidí que me recompondría y compraría un nuevo cinturón. No iba a esperar otros 18 meses por uno nuevo. Con el corazón roto, pedí un cinturón por internet. No sabía lo que hacía, fue un acto de desesperación. Sólo sabía que algo faltaba, pero no sabía cómo arreglarlo.

Cuando me lo entregaron, me pareció bien. No era fantástico, nunca iba a inspirar una historia, pero era suficiente. Aun así, era demasiado pequeño, y por ende fui a la tienda local para cambiarlo. En la tienda no tenían uno igual, pero encontré otro que me gustó un poco más. Tuve que pedirlo en el tamaño correcto, así que iban a enviármelo.

Más o menos cinco días más tarde, todavía deprimido, esperaba mi nuevo cinturón con cero expectativas, porque sabía que no iba a hacerme feliz. Una mañana desperté y comencé a vestirme para el día. Agarré un cinturón de mi gancho y, mientras estaba pasándolo por los lazos en mis pantalones, para mi gran sorpresa, me di cuenta que era mi cinturón original, el que compré en Londres con mi hermano. ¡Qué día fantástico! ¡Qué descubrimiento increíble! Fui corriendo a contarle a mi esposa lo que había pasado, que mi cinturón había aparecido en mi closet. En seguida, tuve una nueva perspectiva de la vida, no podía creer mi suerte. Finalmente estaba feliz, podía respirar libremente de nuevo.

Sólo hay una explicación para lo que pasó. Claro, el dios de los cinturones oyó mis oraciones, sintió la profundidad de mi desesperación e intervino para ayudarme. Tiene que haber sido así. Estoy cien por ciento seguro porque minutos más tarde fui a mi computadora para estudiar español y tenía un correo electrónico de la tienda donde había comprado el tercer cinturón. Me habían escrito que no tenían el que había pedido, por lo que tenían que cancelar mi pedido. Fue perfecto. Sólo el dios de los cinturones podía haber creado un fin tan perfecto.

He nacido de nuevo, soy un creyente. Ahora que has oído mi historia, seguramente nunca verás un cinturón de la misma manera. Siempre vas a pensar en esta historia y saber que tu cinturón es mucho más importante de lo que has pensado. Quizás merezca su propia historia.

Epílogo

A mis casi 70 años me siento cómodo aquí, en el norte de Ohio, rodeado por la nieve y el frío, en una cálida y bonita casa en un barrio seguro, con mi perrito acurrucado a mis pies. Tengo una familia amorosa y en crecimiento de la que estoy orgulloso y a la que amo profundamente. Sin duda, ha llegado el momento de disfrutar de los frutos de mi trabajo.

Aun así, siento que debo devolver, al menos un poco, todo lo que la vida me ha brindado en experiencias, relaciones y lujos. Es por eso que hace 8 años fundé una ONG que se dedica a plantar árboles en México, junto con mis compañeros ya hemos plantado más de 400 mil ejemplares y seguimos adelante. Si quieres saber más, puedes ingresar en www.donaunarbolalmundo.org.

Todavía no se me ha acabado el tiempo, y espero lograr más. Quién sabe, quizás algún día tenga otra compilación de anécdotas que compartir contigo (¡seguramente querrás escuchar sobre aquella vez en que casi maté una vaca mientras plantaba mi primer árbol en México!).

Pero por ahora, este es quien soy, esta es mi vida americana.